Tu vida es importante para mí

Tu vida es importante para mí

Cómo prevenir el suicidio en adolescentes

Guía de acompañamiento para padres y maestros

Jessica Wolf

PAX

Agradecimientos

Planta un árbol, ten un hijo,
escribe un libro... y salva una vida.

Me siento profundamente agradecida con la vida por darme la oportunidad de compartir mis ideas con otros mediante estas letras, ideas que han madurado con el tiempo.

Gracias a la Oma y al Opa, mis papás, que con su sabiduría natural me han guiado hasta convertirme en lo que soy como ser humano y profesional. ¡Los amo siempre! Gracias por regalarme la vida, su ejemplo, su mirada amorosa y por sostener mi mano al caminar.

Gracias Ana y Diego, verlos crecer ha sido la mayor escuela y ustedes mis mejores maestros. Los amo con el alma y nuestro camino sigue. Mucho que aprender, compartir y vivir juntos aún. Sin ustedes no soy, por ustedes lo soy todo.

Gracias a mis hermanos, cuñados y a mis sobrinos queridos. ¡Los amo!

He tenido grandes amigos y amigas con los que he podido conversar todas estas ideas en nuestros caminos cruzados como guías de nuestros hijos. Con ellos he podido reflexionar una y otra vez sobre lo que es ser mamá y papá. Su cariño ha sido soporte cuando he tenido dudas, sus miradas han sido confirmación de cuándo el camino y las decisiones han sido las correctas. Gracias infinitas.

Agradezco a Rosa Barocio por esa puerta que abrió al encuentro con mi casa editorial Pax Terracota. Rosa, desde ese paraíso infinito donde nos miras y lees, ¡gracias!

Gracias al equipo maravilloso de Pax Terracota, ustedes son propulsores para que las letras tengan motor para viajar.

Sigo reflexionado y aprendiendo de las personas con las que trabajo, mis pacientes, colegas, maestros y alumnos. Gracias por la confianza y por dejar huella en mí.

Gracias Dios porque sé que nada en la vida es casualidad y por permitirme llevar a cabo mi misión de vida: servir y comunicar.

Y a ti, lector, que hoy tomas este libro en tus manos, gracias por leerme. Sembremos semillas de esperanza en las generaciones que nos siguen con la certeza de que todos podemos ser anclas de vida y agentes de cambio cuando le decimos a otro: tu vida es importante para mí.

Jessica Wolf

Los padres tenemos la **responsabilidad** de ir un paso adelante: usar nuestra experiencia como linterna, nuestro amor como bálsamo y nuestras miradas como reflejos de **verdad** y **aceptación** incondicional.

En chino, la palabra **crisis** significa **riesgo** y **oportunidad.**

Introducción

Han pasado varios años desde la última vez que me senté a escribir un libro. Años que me han permitido profundizar sobre el dolor emocional y el suicidio. Estas reflexiones no han llegado solas, se han construido mediante conversaciones y encuentros con otros.

Sigo pensando que el dolor emocional es un ingrediente inevitable, es parte de la vida. Maestro y transformador, sin duda.

Me he enriquecido de escuchar un sinfín de historias cargadas de dolor. Ver cómo las personas, en su carácter único y particular, hacen frente a las circunstancias que la vida les depara.

Somos constructores de nuestra realidad, de nuestro camino, de nuestra historia. El viaje de la vida es un viaje personal de responsabilidad sobre nuestros actos y nuestras decisiones. Es verdad que no elegimos todo lo que nos pasa, pero sí elegimos cómo vivirlo y de qué color pintarlo. Dónde y cómo acomodarlo al guion de nuestra vida.

Este libro nace de la inquietud de que el dolor emocional nos ronda y nos rondará siempre. Por momentos con mayor intensidad, ya sea de forma individual o colectiva.

Hoy la preocupación y la mirada están puestas en nuestros jóvenes, para quienes la vida presente ha representado un reto importante.

La Organización Mundial de la Salud (2021) nos dice que uno de cada siete jóvenes, de entre 10 y 19 años, a nivel mundial, padece algún trastorno mental entre los que se encuentran la depresión y los trastornos de ansiedad y de conducta. Mientras que el suicidio aparece como la cuarta causa de muerte entre jóvenes de entre 15 y 19 años.

Estos jóvenes, que son el futuro de nuestras sociedades, son a quienes tenemos que preparar para un mundo muy diferente del que vivimos al crecer. Un mundo mucho más diverso, global y sin fronteras aparentes. Un mundo real, que se codea con el virtual, y cuya existencia se ve amenazada por este último. Un mundo que va a la velocidad del rayo, en donde la comunicación y la tecnología fungen como pilares. Nunca estuvimos tan cargados de información, tan hiperconectados. Y tampoco tan ansiosos.

A la consulta psicológica llegan un sinfín de personas, entre ellos jóvenes, con problemas de sueño, con ataques de pánico y en general con una falla para lograr la propia regulación emocional.

Hoy estamos frente a un mundo que nos ofrece una hoja en blanco para pintarla como queramos y nunca nos había costado tanto trabajo decidir qué dibujar. Queremos todo, y decidir siempre implicará una renuncia. Renuncia que hoy para muchos es causa de dolor. ¡Quién nos ha vendido la idea de que podemos tenerlo todo, que el dolor no existe y que la vida solo se trata de ser felices sin experimentar dolor!

La felicidad puede que sea la meta última de la vida, pero no sostenida por sí misma, sino pese a las circunstancias que enfrentamos. Veo la vida como una escuela a la que venimos a aprender, a transformarnos y a profundizar en conciencia.

Cada piedra en el camino es una oportunidad de oro. En chino, la palabra *crisis* significa *riesgo y oportunidad*. Lo que no nos rompe, nos sacude, nos transforma.

Hablemos pues de cómo ayudar a los jóvenes a transitar esta vida. Cómo ayudarlos a ser esa esperanza del futuro. Cómo prepararlos para la vida siendo resilientes y desarrollando un callo emocional que los proteja en las caídas.

Los jóvenes van tendiendo a la madurez conforme pasan los años. No son productos terminados, son personas en construcción que necesitan de la guía, seguridad, claridad y preparación de los padres. Como padres no nacemos sabiendo ser padres, nos vamos formando y educando a la par que ellos. Sin embargo, tenemos la responsabilidad de ir un paso adelante, de usar nuestra experiencia como linterna, nuestro amor como bálsamo y nuestras miradas como reflejos de verdad y aceptación incondicional.

El viaje de la vida no es fácil y por eso nos regala compañeros de viaje: maestros y guías. La información está al alcance de todos, los recursos y la ayuda también. Espero que este libro sea de guía y reflexión. De esperanza para ti y los tuyos. Que lleve luz adonde hay oscuridad.

La vida es
movimiento,
cambio.

movimiento

Tú no eres tus **pensamientos.**

Capítulo 1
¿Qué les duele a los jóvenes?

Todo pasa. El tiempo, la vida y el dolor.

Cada joven es único e irrepetible, así como será la experiencia que tenga al atravesar los años de desarrollo: la adolescencia y la llegada a la vida adulta. Sin caer en etiquetas o presumir que este proceso será igual para todos, existen algunos temas generales que aparecen en la mesa.

La relación con los padres

La adolescencia es una etapa importante en el desarrollo de cualquier persona. Tiene como tarea última el logro de identidad que contesta a la pregunta, ¿quién soy yo?

El que experimenta vistiéndose de mil colores y formas. Pasa del piercing a pintarse el pelo, a pensar en hacerse un tatuaje. Por naturaleza, busca diferenciarse de los padres. Si papá o mamá piensan "blanco", el joven sin dudarlo escogerá "negro". Tan sencillo y radical. Para lograr su propia identidad, tendrá primero que diferenciarse de los padres. Dirá: "Yo no soy ni seré como tú".

Este proceso de diferenciación es en muchas ocasiones difícil tanto para los hijos como para los padres. Nos preguntamos qué le pasó al niño dócil que se dejaba poner el suéter cuando hacia frío o cuando acompañaba a la familia a la salida del domingo sin importar a dónde fuera y sin chistar.

A los padres nos duele que nos aparten, se encierren en su cuarto y perdamos esa admiración que nos tenían. Dejamos de ser los superhéroes, así como aquella mamá con la que el hijo varón ingenuamente dice quererse casar cuando sea mayor o el papá buena onda que presumir. Pasamos a ser obsoletos, pasados de moda y discos rayados de discursos incansables que el joven deja de escuchar.

> La realidad es que ningún menor aprende del discurso. Aprenden de la experiencia.

Los jóvenes necesitan espacio para moverse y experimentar, pero necesitan la guía de los padres para hacerlo de manera segura. Yo comparo el acompañamiento del hijo adolescente con un viaje por carretera. Imaginémonos cómo las señales, las rayas en el pavimento, los fantasmitas, etc., están ahí para delimitar el camino para que el viaje sea lo más seguro posible. Y, aun así, en el caso del joven, este requiere espacio para hacer su viaje de vida. Aquello que experimente de primera mano lo llevará a la reflexión y entonces el aprendizaje será más viable.

Muchos de nosotros hemos sido padres discurso, padres "rollo", más que padres que permiten y acompañan las experiencias de sus hijos. Tememos que sufran, se equivoquen, y pensamos que, si metemos la mano, les estamos facilitando el camino y haciendo la vida más llevadera.

Lo contrario es cierto, lo que no le permitimos al hijo experimentar no lo cimbra, no lo madura. Y tiene como resultado que hoy nos encontremos jóvenes con muy baja tolerancia a la frustración. Les han dado y facilitado todo. Y esto se va acarreando desde que son menores. Cuando regresa del colegio y les dice a los padres que el maestro lo reprobó porque le cae mal, ellos se presentan en la escuela exigiendo un cambio de maestro. Como si el día de mañana el hijo pudiera escoger otro jefe o pedir la intercesión de los padres frente a una mala relación con el colaborador de trabajo.

Nuestra tarea como padres es permitir las experiencias, acompañar al menor a reflexionar sobre la imperfección de la vida, tomar de cada experiencia la lección y acompañarlo en el proceso. Permitir aquellas experiencias que le permitan aprender en donde no hay riesgo para su integridad o su vida.

Las experiencias que uno vive conllevan consecuencias naturales. De pequeño, si no come, tendrá hambre, si no duerme, tendrá sueño. De mayor, si no hace la tarea, tendrá una consecuencia en la escuela, lo reprobarán. Si no se baña o lava los dientes, alguien más le dirá "Hueles feo". Permitirle vivir estas consecuencias naturales le servirá como experiencia para una mejor autorregulación.

La mayoría de los padres queremos crecer y educar jóvenes independientes y con capacidad propia para la autorregulación. Hijos independientes que puedan tener una identidad sólida. Recuerdo haber leído un libro que trataba de los diferentes tipos de padres que existen, y hacía una interesante reflexión acerca de los padres sobreprotectores. Mencionaba que el mensaje que los padres sobreprotectores mandaban a los hijos era un mensaje de incapacidad. "Me necesitas, pues tú no tienes la capacidad de hacerlo".

Creo que los padres que sobreprotegen a los hijos no tienen esta intención como meta última. Seguramente buscan que el hijo no sufra sin limitar con ello su capacidad. Y, sin darse cuenta, esto último es lo que consiguen.La resiliencia se ejercita, se trabaja. Y no se trabaja donde no hay dolor. Se fortalece cuando se experimenta y se atraviesa el dolor, es ahí cuando se forma eso que llamo callo emocional. Nadie aprendió a andar en bicicleta sin caerse, y fue gracias a las caídas como aprendimos a balancearnos en la bicicleta. A veces por el mismo temor a la caída. La vida es movimiento, cambio. Aprender a balancearnos mientras estamos en movimiento, no es sencillo.

Según la teoría de sistemas con la que trabajo, no hay momento de equilibrio perfecto en donde no pase nada, más que en la muerte. Desde que nacemos inicia ya nuestro proceso de transformación y desarrollo. Los padres están ahí desde que el bebé nace para ver que sus necesidades básicas estén cubiertas. La función de los padres en esas primeras etapas de vida es ayudar a ese bebé a integrarse al mundo. Lo vamos introduciendo a un mundo social, le asignamos un rol de género. Si es niña, la vestimos de rosa, le dejamos crecer el cabello, la tratamos de cierta manera. Si es niño, será de azul, llevará en su mayoría el cabello corto y posiblemente con el tiempo le regalaremos un cochecito para jugar. Iremos entrenado conductas socialmente bien vistas como comer con la boca cerrada o no morder a los demás.

El niño irá cambiando y los padres tendrán que ir cambiando a la par. La distancia emocional entre ellos tendrá que irse adaptando. No tolerará ser enviado a la cama a las 8 p.m. o comer aquellos alimentos que no le gustan. Pedirá con sus conductas y actitudes espacio para ser y hacer.

Un padre sensible sabrá retroceder los pasos necesarios sin quitarse del todo. Encontrará un nuevo lugar donde ambos puedan descubrirse y crecer. ¡¡¡No es una tarea sencilla!!! Pero si una tarea es constante, la vida y el cambio que implica serán también una constante. En este proceso de desarrollo, el joven buscará constantemente la mirada del padre como confirmación y aprobación.

Hace unos años escribí un trabajo que titulé *La mirada en la construcción de la identidad del niño*. Este trabajo parte de la premisa de que solo existimos si somos mirados. Para explicar esto expuse dos ejemplos.

En la película *Náufrago* de Tom Hanks, el protagonista empieza a sentir que pierde la cabeza y la razón de vivir al encontrarse solo en una isla desierta tras naufragar. Es hasta que encuentra a Wilson que su vida toma un giro. Wilson resulta ser una pelota que llega a la playa poco después como parte del naufragio. Tom Hanks, en su necesidad de otro, le asigna una identidad a la pelota llamándola Wilson. La relación que establece con Wilson lo llena de motivación hasta el punto de lograr salir de esa isla y regresar a la civilización. El regalo maravilloso de esta película es cómo la relación con el otro es en la vida de todos un tema central.

Otro ejemplo de la importancia de la mirada y el contacto con el otro lo tomo de cuando me formaba como psicóloga en la universidad. Mientras estudiaba la carrera, tenía que hacer diversas prácticas profesionales. Una de ellas la hice en un hospital pediátrico en el área de lactantes. Un día llegó un bebé de pocos días de nacido que había sido abandonado en las calles; llegó al hospital habiendo perdido el reflejo de succión. Un bebe que no succiona está en riesgo de morir, pues no puede alimentarse más que con asistencia médica por sonda. A esta pérdida de succión se le conoce como marasmo o depresión infantil. El bebé había perdido el reflejo de succión porque había sido abandonado por la madre, al perder el vínculo con ella se dejaba morir.

Existimos porque somos mirados y cada mirada a lo largo de nuestra vida va construyendo nuestra identidad. Los padres son esa primera mirada, pero no la única, ya que en el camino de la vida se irán sumando las de otros, como los maestros con los que nos topemos, nuestros pares, hermanos, parejas, etcétera.

Cuando nos dicen "¡Que bueno eres para las matemáticas!" o "No eres tan inteligente o bien portada como tu hermana", los mensajes van quedando grabados como voces internas, mientras no tengamos la madurez para ponerlas en duda y cuestionarlas. A esto los psicólogos le llamamos introyecto. ¿Qué voces o discursos internos te acompañan? ¿Qué miradas recopiladas en tu vida han construido tu identidad? Como el joven ha sido mirado, será como se mire a sí mismo.

> A los jóvenes les duele y les dolerá no recibir una mirada real y amorosa de sí mismos.

Yo les digo a los padres con los que he trabajado que la mirada es como un espejo. Somos un espejo en el que el joven se ve reflejado. No caigamos en el error de ser un espejo de feria que nos devuelve un reflejo distorsionado de nosotros mismos.

Hay padres que tienden a engrandecer al hijo. Que le devuelven una mirada de perfección irreal. Que aplauden todos los logros y minimizan o niegan los errores y dificultades. Por otro lado, hay otros tipos de padres que al ver el error lo magnifican y lo llevan a ser el discurso único en la construcción de la identidad del niño.

El niño, como la mujer que estrena un vestido y le pide opinión al marido de cómo se ve, necesita una mirada real y amorosa en donde verse reflejado. Una mirada real le brindará la seguridad y confianza para su andar por la vida. No contar con una mirada así es una fuente de dolor para muchos jóvenes.

Dejar la infancia atrás

Crecer no siempre es fácil. Desde los cambios físicos y hormonales que acompañan el desarrollo, como la creciente demanda del entorno para convertirse en personas independientes, socialmente adaptadas, el desarrollo hace del proceso todo un reto. La pérdida del cuerpo infantil va acompañada por el nuevo pudor y la nueva carga sexual que ofrece el cuerpo adolescente. No es fácil crecer y reconocerse en un cuerpo que va cambiando día a día. Los cambios físicos que el menor experimenta se hacen evidentes al ojo ajeno y suelen ser tema de conversación entre pares y padres. La estatura, el peso e incluso el acné se vuelven tema de sobremesa y de comparativo.

No todos los jóvenes se sienten cómodos con los cambios, incluso hay algunos que quisieran retrasar estos procesos. Algunas chicas desarrollan trastornos de alimentación por la presión de tener que cumplir un estándar a seguir y como parte de lograr la pertenencia a su círculo.

Crecer es maravilloso y doloroso.

Los jóvenes no crecen al mismo ritmo. Unos se desarrollan físicamente antes, otros después. La madurez física no siempre viene acompañada por la madurez emocional. Podemos encontrar niñas que menstrúan a los 10 años y que no están preparadas para ser madres en lo absoluto.

En las escuelas, es fácil hacer un comparativo en el desarrollo de un joven y otro. Muchos no aparentan la edad que tienen porque se ven más grandes o pequeños de lo que realidad son, y para los que les rodean es difícil decidir si tratarlos de acuerdo con la edad cronológica, la mental o la que aparentan. En el afán de ubicarlo donde le corresponde en grado escolar, muchos quedan en cursos que les quedan grandes (o chicos) y con compañeros que no tienen mucho que ver.

Dejar la infancia atrás no es sencillo, y menos cuando no se ha promovido que el niño se regule por sí mismo, por lo que hemos caído en el error de alimentar una dependencia por tenerlo atado a nuestras faldas. Conforme crece, tendrá que tomar decisiones que pasan de ser triviales (como qué ropa se pondrá) a decisiones importantes (como qué carrera escogerá y con qué grupo de amigos compartirá su tiempo).

Algunos reciben la llegada de la pubertad con gozo, sin embargo, para otros puede ser una experiencia angustiosa. Navegar los cambios de la pubertad no es sencillo, se requiere mucha flexibilidad y perder el temor a equivocarse.

Muchos se dan cuenta de que crecer va implicando mayor responsabilidad. Desde las tareas escolares que se van volviendo más complejas, tener que lidiar con las expectativas que los padres han depositado en ellos y los deseos propios que hasta ese momento pueden no estar del todo claros.

En algunos casos se llega a oír de jóvenes que dicen no sentirse listos para crecer o que quieren detener el tiempo. Es frecuente ver a los jóvenes pasando por momentos de crisis cuando están dejando la seguridad de la escuela básica para ingresar a la universidad, crisis que vuelve a resurgir cuando dejan la universidad y son lanzados a la vida como un adulto productivo más del tejido social.

La mejor medicina ante el dolor que implica dejar la infancia atrás es llegar lo mejor preparados posible a los cambios que la vida va presentando. Estar preparados se refiere a haber desarrollado cierto grado de identidad, criterio propio y capacidad autorregulatoria para hacer frente a lo nuevo que aparece.

La primera ruptura amorosa

Quiero dar espacio para hablar de cuántos adolescentes sufren intensamente el dolor de la primera ruptura amorosa, al grado de pensar en hacerse daño o incluso quitarse la vida. Las rupturas amorosas serán siempre dolorosas, sin embargo, al experimentarlas por primera vez en la adolescencia, la intensidad del dolor puede tomarlo por sorpresa y llevarlo a sentir mucho malestar.

Igor Caruso, en su libro *La separación de los amantes* (1968), afirma que muchas veces las separaciones en vida por una ruptura llegan a ser más dolorosas incluso que las separaciones por muerte y explica por qué.

Caruso sugiere que cuando terminamos una relación, tenemos que aceptar nuestra "muerte" en el mundo emocional del otro, mientras este continua con vida. Morimos en el otro y el otro sigue adelante sin nosotros.

¡Este es un golpe fuerte! Soltar se vuelve complicado cuando el otro sigue ahí. Usualmente terminar una relación implica dejar ir aquello que no nos gusta o no funciona, sin embargo, también implica renunciar a las cosas que sí.

Elegir es renunciar.

No podemos tener todo lo que queremos y la renuncia es parte de la vida. Esta es una lección importante que se aprende con la maduración emocional que el joven va adquiriendo con el tiempo.

La ruptura amorosa en esta edad también suele ser dolorosa, porque las emociones y sensaciones que se despiertan a partir de la experiencia del amor son deliciosas y adictivas. Serotoninas, dopaminas y oxitocinas liberadas en la experiencia del amor nos llevan a desarrollar apego con el otro. Nos llenan de momentos de gozo y de estados alterados de bienestar que no se alcanzan fácilmente de otra manera. Los lazos emocionales establecidos con el otro son tanto físicos como psicológicos y generan una dependencia que se vive permanentemente, aunque en realidad sea solo temporal.

Dejar a alguien duele en el cuerpo, de ahí la expresión del corazón roto. Toma tiempo restablecerse y la experiencia se vive como cualquier síndrome de abstinencia, resultado del alejamiento de una sustancia adictiva. La impulsividad del joven puede llevarlo a sentir que no tolera este proceso de desapego emocional que implica la ruptura. Y es posible que intente volver una y otra vez a esa relación que no funciona con tal de no sentir el malestar que implica el alejamiento.

La primera vez que experimenté el corazón roto, pensé que me moriría de dolor. Escribí poemas, lloré largas noches y hasta bajé de peso de forma significativa. Al mismo tiempo que vivía mi duelo por la ruptura de esa pareja, una amiga querida que pasaba por lo mismo se quitó la vida. ¡Fue una de las experiencias más fuertes que he vivido! Me hizo ver lo vulnerable que estaba y lo frágiles que somos a esas edades frente al primer amor.

Si estos primeros amores también se convierten en la primera experiencia sexual, la cosa se complica aún más. Helen Fisher, en su libro *Anatomía del amor* (2017) explica que, en el encuentro sexual, en el cuerpo se liberan sustancias químicas para crear esa vinculación necesaria que garantiza la seguridad que requiere la reproducción de nuestra especie. Hombres y mujeres producen oxitocina (hormona de la vinculación) misma hormona que la mujer produce cuando va a dar a luz a un bebé y que ayuda a favorecer ese primer vinculo madre-hijo.

El adolescente no está preparado para ese tipo de vínculo, ni para separarse de él sin dolor. Así que el tema de las relaciones sexuales entre jóvenes va más allá de la posibilidad del embarazo o las enfermedades venéreas. El tema sexual tiene mucho que ver con la experiencia emocional y el apego. Yo suelo preguntarles a los jóvenes, "¿estás listo para esto?". Para muchos no es tan fácil *pegarse* y *despegarse* como parece.

Las primeras pérdidas físicas

Es un hecho que todos vamos a experimentar la pérdida de algún ser querido a lo largo de nuestra vida. Esto es inevitable. En algún momento de su desarrollo, suelen acercarse a los padres con preguntas referentes a la muerte. ¿Qué es la muerte? ¿A dónde se van las personas cuando mueren? ¿Papá o mamá van a morir?

Suelo decirles que es importante hablar con la verdad a los hijos. Papá y mamá van a morir algún día, la gente muere no "se va de viaje" ni "regresa más tarde". Aprendí que cuando los niños preguntan si papá o mamá van a morir, en realidad hay una pregunta implícita que es "¿qué me va a pasar a mí si tú no estás aquí?". El niño es por naturaleza egocéntrico, no elige serlo, solo lo es por un tiempo.

Cuando preguntan si papá o mamá van a morir, yo suelo recomendar decir que sí. Sin embargo, agregar también que mamá y papá se cuidan, que han vivido ya 20, 30, 40 años sanos y que esperan estar ahí mucho tiempo más. También suelo recomendar decir que, "de no estar aquí, *X o Y* verían por ti y te cuidarían como lo hacemos nosotros".

Esta verdad, aunque difícil de digerir, resulta necesaria como parte del desarrollo emocional de los niños. Como decía mi hijo de pequeño: "Mamá, prefiero una fea verdad, que una bonita mentira".

> Hablar de la muerte con los hijos implica un paso importante en su desarrollo tanto emocional como cognitivo.

Para los niños más pequeños solo existe aquello que pueden ver, el resto es fantasía. El pensamiento del niño parte de lo concreto y con el paso del tiempo se va volviendo más abstracto. Pensemos en el chiquito que entra por primera vez al kínder y llora sin cesar. La angustia de separarse de mamá es evidente. Aun no comprende que, aunque no vea a mamá, mamá sigue ahí. La angustia disminuye con el paso de los días, cuando ve que un día y otro mamá llega por él a la salida del colegio. ¡Mamá no ha desaparecido! Poco a poco va logrando lo que los psicólogos llamamos constancia objetal.

En el caso de la muerte física, la constancia física objetal es sin duda finita. El cuerpo deja de existir. Sin embargo, la constancia objetal se puede lograr a partir del vínculo emocional establecido con la figura en cuestión. Que no esté físicamente y que no lo puedas ver no quiere decir que no exista en tu mundo emocional. En tus recuerdos, anécdotas y tiempos compartidos.

Es posible que para cuando el niño llegue a la adolescencia ya haya experimentado alguna pérdida por muerte. Estas primeras pérdidas llevan a los jóvenes a cuestionarse cosas importantes, desde el sentido de la vida hasta qué significa morir. Posiblemente cuestionará la religión y sus creencias en Dios. Tendrá su primera experiencia viviendo un duelo, pero hablaremos de este en el siguiente capítulo. Cómo viva estas primeras muertes determinará en buena parte cómo vivirá las pérdidas posteriores.

El joven está construyendo con estas experiencias su mundo interno y descubriendo el significado de la vida. Es importante prepararlos para estas primeras pérdidas y permitirles vivirlas. Compartir con ellos el dolor, sostenerlos y normalizarlo.

El camino para encontrar la pertenencia

Para el adolescente, su entorno social es de suma importancia porque con los grupos de amigos, la pareja y sus pares en general experimentará las primeras veces de tantas cosas. Los otros, muchas veces son su punto de comparación y referencia. Y habrá cosas lindas de estas primeras aventuras, pero también podrá haber dificultades o piedritas en el camino, como no ser invitado a la fiesta, vivir alguna traición en la amistad, atravesar la primera ruptura amorosa e incluso experimentar acoso escolar.

Abraham Maslow (2021) desarrolló una teoría psicológica que describe las necesidades básicas de todo ser humano representadas en una pirámide y le da un lugar importante a la necesidad de afiliación, que es justamente aquella que implica la necesidad que tenemos todos de ser amados y pertenecer a nuestro entorno social. El sentido de pertenencia en esta edad es crucial para el logro de la identidad. Sus pares refuerzan sus creencias y valores. Un joven que se siente amado y que siente que forma parte de un grupo se siente más seguro de sí mismo para lograr las tareas propias de la edad. Cuando esto no ocurre, se sienten perdidos y vulnerables. No ser aceptados por el grupo les hace pensar que algo está mal con ellos, pone en duda su identidad, sus gustos y sus valores.

Los jóvenes que sienten no pertenecer o que son marginados de sus pares sufren de forma importante. Para los padres también puede ser duro ver al hijo pasarla mal por no sentirse parte de un grupo, y será difícil que papá o mamá puedan llenar la necesidad que el hijo tiene de otros como él.

No he conocido ningún joven que se sienta siempre parte de todo y que no sufra un poco por este tema. Parecería ser que una parte formativa es aprender que no podemos ser "ajonjolí de todos los moles", como se dice en México, que la madurez llega cuando uno acepta que no se es parte de todos los grupos y que con ser parte de aquellos grupos que son de crecimiento para nosotros es suficiente. Es importante distinguir entre la experiencia de no sentir que se pertenece y ser víctima de acoso escolar o *bullying*.

Todos en determinados momentos son excluidos porque no son invitados a la fiesta o no participan del equipo o actividad deportiva. En el acoso escolar o *bullying* la violencia es el ingrediente principal. La violencia en el entorno escolar puede ser tanto física como psicológica o sexual. Cuando hay violencia física entre jóvenes, se busca herir al otro mediante golpes, patadas o mediante la destrucción de sus bienes. La violencia psicológica puede manifestarse de forma verbal mediante burlas, humillación, rumores, rechazo, amenazas e insultos, entre otros, puede darse de forma abierta o encubierta y puede ser difícil para padres y docentes identificarla. Mientras que la violencia sexual puede ir desde la intimidación sexual hasta la coerción sexual y violación.

Hoy en día es frecuente el ciberacoso, que es una forma de intimidación psicológica o sexual que ocurre mediante el uso de la tecnología y las redes sociales. Este tipo de acoso suele tener un gran impacto por lo rápido que se puede compartir la información en línea y por el carácter anónimo que puede tener. El acoso escolar es común entre pares, pero también puede ocurrir entre docentes y alumnos. Un joven puede sufrir terriblemente al ser víctima de acoso escolar, mismo que puede impactar de forma importante su rendimiento académico, su salud mental y el desarrollo de su identidad.

El desarrollo de la identidad sexual también es tema importante y tarea de la etapa adolescente. Hoy existe más apretura en la cuestión de la identidad sexual. Es frecuente escuchar a los jóvenes decir "yo no soy heterosexual, soy bisexual" entre sus pares. Y si esto llega a oídos de sus padres, los padres entran en pánico.

Recordemos que el joven está en proceso de construcción de su identidad en la adolescencia, y que la búsqueda de la identidad sexual es parte de este proceso.

En esta edad, cuando afirman soy esto o aquello, yo entiendo "estoy buscando aún". No quiere decir que el día de mañana se identifique como tal, simplemente quiere decir que en *idea* está experimentado.

Y subrayo en *idea* porque, en lo imaginario, uno se puede poner mil trajes hasta que encuentre el definitivo que le acomoda. En el caso de la búsqueda de la identidad sexual en el adolescente, me parece un riesgo que esto se lleve a la práctica. Los adolescentes no tienen la madurez emocional para integrar muchas veces todo lo que la experiencia sexual implica.

Un adolescente se puede confundir más al llevar la curiosidad a la acción y duda sexual. En la etapa adolescente las hormonas están a mil, y lo que se siente bien físicamente, puede no sentirse bien emocionalmente.

Como padres es importante que no corramos rápidamente a etiquetar y decir de forma concluyente: "Ah, mi hijo/a es *x* o *y*". La identidad sexual es un proceso, toma su tiempo. Lo que podemos ofrecer es apoyo, respeto y aceptación al proceso de búsqueda del hijo.

Los cambios en el mundo

La situación del mundo actual tiene en la mesa guerras, pandemias, inseguridad y el cambio climático, situaciones de las que el adolescente de hoy no está al margen. En la hiperconectividad que existe actualmente, está al tanto de lo que pasa del otro lado del mundo y lo vive en tiempo presente como si estuviese pasando a la vuelta de la casa. Es importante que esté consciente y sensible de lo que pasa en su entorno, sin embargo, tanta información, puede llegar a hacerlo sentir vulnerable. Nuevamente, tocamos el tema de que muchas veces no cuenta con la madurez para la autorregulación.

Viven un entorno gris y en muchos aspectos poco prometedor. El contexto social de salud y el ambiental parecen en ocasiones no mejorar. Estamos viviendo un momento de desesperanza colectiva. Hemos vivido años de una pandemia que nos ha llevado a sentir pequeños y vulnerables ante un virus que no podemos ver hasta que aparecen los síntomas.

Los jóvenes han sido uno de los grupos más afectados por esta pandemia. Jóvenes que se alimentan del contacto con los pares y que hacen de la escuela su segundo hogar tuvieron que permanecer en casa, aislados. Muchos perdieron su fecha anhelada de graduación, la calidad del aprendizaje al no poder llevar clases presenciales. Y ahora, pasada la etapa que creíamos más crítica de la pandemia, nos encontramos más conectados por la tecnología y más aislados y alejados físicamente. Cuando el mundo virtual y el trabajo remoto han cobrado fuerza, el contacto físico y cara a cara ya no es ni tan frecuente ni igual.

Podemos pasar el día frente a la pantalla o brincando de un zoom a otro teniendo contacto con muchos y sin salir de casa. Las formas de socialización han dado un giro enorme y nos han dejado con hambre del contacto real, con la duda de si existe diferencia entre la realidad virtual y la que vivimos. Estamos viviendo un nuevo mundo, con un ritmo y una forma de convivencia diferentes.

Yo percibo una crisis pospandemia. Lo explico con el siguiente ejemplo: cuando vivimos una situación de estrés, el cuerpo se pone alerta, se activa para responder. Pasada la situación estresante, el cuerpo se relaja y es muchas veces cuando enfermamos o sentimos algún tipo de dolor físico o emocional. Lo mismo creo que ocurrió con la pandemia. Nos tuvimos que hacer fuertes, enfrentar la crisis, aislarnos para sobrevivir y como manera de sobrellevar la situación. Ahora que las restricciones han disminuido y que volvemos a lo que parece ser la vida normal, estamos cansados, lastimados y con el recuento de los daños que la pandemia trajo. Como si nuestro "músculo" emocional estuviera afectado; es decir, como si nuestra capacidad de socialización no fuese la misma.

Muchos se preguntan si la incidencia de suicidio ha aumentado, y este es un tema delicado. La Organización Mundial de la Salud (2021) ha informado que el suicidio es una de las principales causas de muerte en el mundo, una de cada 100, ocupando entre los jóvenes de 15 a 29 años el cuarto lugar (Inegi, 2022), por detrás de los accidentes de tránsito, la tuberculosis y los actos violentos. Un dato que nos mueve a la reflexión está en que durante los últimos 20 años la tasa mundial de suicidios se redujo en 36%, excepto en la región de las Américas, donde aumentó 17% (OMS, 2021).

Ante estos cambios en el mundo, es importante que los padres pueden acompañar a los hijos a entender lo que pasa en su entorno. Los padres estamos ahí para acompañarlos a adaptarse al mundo que los rodea. Lo hacemos cuando los invitamos al cuestionamiento y a la reflexión. Somos parte de una red social, y lo que pasa afuera nos toca adentro. Hay que normalizar el hecho de sentirnos mal cuando las cosas se complican en nuestro entorno. Desde ese lugar, viviéndonos como parte de un todo, podemos después pensar que también jóvenes y mayores somos, y podemos ser, agentes de cambio.

La ansiedad, malestar de hoy

Los consultorios de psicólogos y psiquiatras están llenos de pacientes que hoy refieren estar viviendo con ansiedad. ¿Qué cambios de vida hemos sufrido para que este mal sea tan común y recurrente tanto en niños como en jóvenes y mayores? Veámoslo a detalle.

La ansiedad por la tecnología

Hoy en día estamos viviendo vidas que parecen nunca haber sido tan aceleradas y llenas de información. La tecnología ha venido a cambiar radicalmente nuestros mundos. Estamos saturados de información que nos bombardea constantemente por medio de correos electrónicos, mensajes de WhatsApp y de las redes sociales, sin contar los noticieros de la televisión.

La información que aporta la tecnología se consume de forma inmediata y estimula estados de dependencia. Los *feeds* se actualizan conforme a nuestras búsquedas y generan una sensación de hambre y de nunca estar saciados. Hoy podemos estar conectados las 24 horas del día desde y en cualquier parte del mundo. Podemos pedir una pizza que llegará en menos de 30 minutos, comprar música, descargar un libro o una película y comprar lo que queramos sin tener que visitar una tienda. La inmediatez con la que podemos saciar nuestros deseos nos ha llevado a tener muy baja capacidad de demora, que se refiere a tener que esperar a que las cosas sucedan.

Cuando era niña, tenía que esperar a que mi mamá regresara del super para pedirle permiso para salir. Ella no estaba al alcance por celular porque no existían en ese entonces, sino que estaba totalmente enfocada en su tarea de hacer las compras, mientras yo tenía que esperar. Asimismo, en casa solo había un teléfono fijo. Si mi hermana estaba en una llamada, yo tenía que esperar mi turno para poder hablar con mis amigas. La vida tenía otro ritmo. Son épocas diferentes y no podemos negar los grandes beneficios que ha traído la tecnología.

El nivel de información es increíble, así como el nivel de estímulo diario al que nos enfrentamos. Este estímulo constante de información, que parece un bombardeo, nos mantiene en un estado de alerta, sobreestimulados por la cantidad de información que consumimos todo el tiempo. Nos vamos a dormir echándole una última mirada al celular. Si despertamos a medianoche para ir al baño, tomamos el teléfono para ver si no hay un mensaje nuevo o algo que atender. Y al despertar hacemos lo mismo. Hemos estimulado intensa y constantemente nuestros cerebros, no es raro que muchos sintamos que no los podemos apagar.

Las personas que nos dedicamos a la salud mental escuchamos frecuentemente en nuestros consultorios "No puedo conciliar el sueño", "Despierto todas las noches a las 4 a.m.", "El ratón de la cabeza no para", "No puedo dejar de pensar en *x* o *y*", "Me la vivo preocupado", etc. ¡Y cómo no! Si la estimulación constante de información tiene un costo. Es como cualquier droga o adicción. Está comprobado que la tecnología tiene un componente adictivo. Si aún tienes duda, te invito a hacer un ejercicio.

Deja de lado el celular por un par de horas. Seguramente sentirás una creciente ansiedad, un temor a estarte perdiendo de información importante o sentirte desconectado del mundo. En el lenguaje de la adicción, esto se conoce como síndrome de abstinencia. Ese malestar que se siente cuando uno se va retirando de la sustancia adictiva. Esta ansiedad nos lleva a consumir más, sin embargo, nunca será suficiente, pues en toda adicción está la parte de la dependencia tanto física como emocional.

> La inmediatez de la información ha creado este estado de ansiedad y de la poca capacidad de demora.

Sin embargo, este no es el único mal. Ante tanta información, lograr filtrar y ser selectivos ante la que consumimos se vuelve un reto. Cuidar nuestra higiene mental se ha vuelto complicado y mucho más cuidar la higiene mental de nuestros hijos.

Hoy los jóvenes están en contacto directo con este mundo de información. Antes los papás se podían sentar con el hijo a ver la televisión y comentaban el programa en turno ayudándolo a digerir e integrar la información a la que estaba expuesto. En la actualidad, prácticamente todos los menores de cierta edad tienen un celular con acceso ilimitado a un mundo de información y conexión con otros. ¡Nunca habían estado tan conectados, tan vulnerables y tan fuera de regulación! Es frecuente ver menores ansiosos, absortos en sus teléfonos y desconectados de su entorno. Y no hay solución fácil a este problema. El hijo no tiene madurez para regularse solo.

Tanto los padres como los menores justifican el uso de los celulares y el acceso a la información como una necesidad establecida. Solo queda entonces aprender a manejar los síntomas de los excesos del consumo de la información y hacer consciente la necesidad de regular el uso del celular.

Juntos traten de establecer rutinas y horarios para un mejor manejo de la tecnología, aunque sea difícil, no es imposible. Es una tarea colaborativa.

La ansiedad rígida

En estos años que llevo dando consulta, suelo encontrar una queja que es recurrente. Personas que llegan refiriendo que las cosas no son lo que ellos quisieran, que por más que se esfuerzan las cosas no salen de acuerdo con sus expectativas y que están cansados y desgastados. Muchas de estas personas dicen haber tenido de la nada un ataque de pánico y que, por más que intentan controlar su ansiedad, se sienten completamente fuera de control.

El común denominador de este tipo de males es el control que intentamos ejercer sobre las situaciones de la vida y que finalmente nos lanzan a una sensación de absoluto descontrol. Estas personas ven la vida en bicolor: todo está perfectamente bien o perfectamente mal. Blanco o negro. Polos opuestos. No hay tonos de gris.

El ciclo de esta ansiedad rígida se representa gráficamente de la siguiente manera:

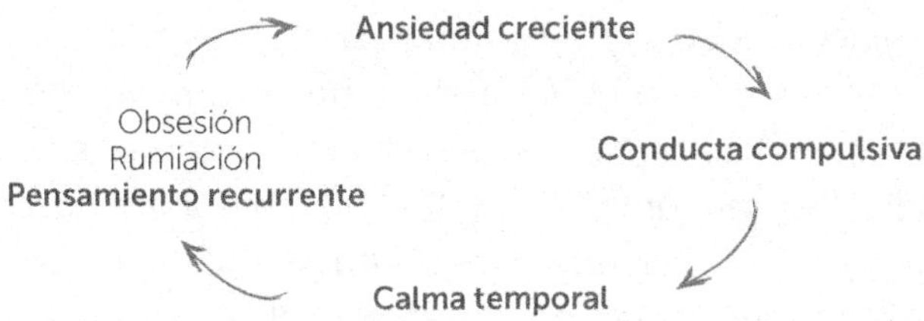

Cuando este círculo vicioso se repite una y otra vez, lleva a estados de depresión por sentirnos fuera de regulación y en descontrol. Muchos de los estados de ansiedad que puedo identificar hoy en día nacen de este patrón. Entendamos juntos este ciclo vicioso y veámoslo por partes.

Pensamiento recurrente

Aislemos por un minuto un fragmento, una historia que una persona puede contarse al decirse: "Tengo miedo de hablar en público".

Pensar o decirnos "Tengo miedo de hablar en público" nos despierta ansiedad. Al sentir ansiedad, tenemos la necesidad de hacer algo para evitarla y regresar a un estado de calma. Y esto durará hasta que vuelva a aparecer la idea nuevamente.

Otro ejemplo podría ser el de una chica adolescente que se obsesiona con su peso y que se repite: "Estoy gorda".

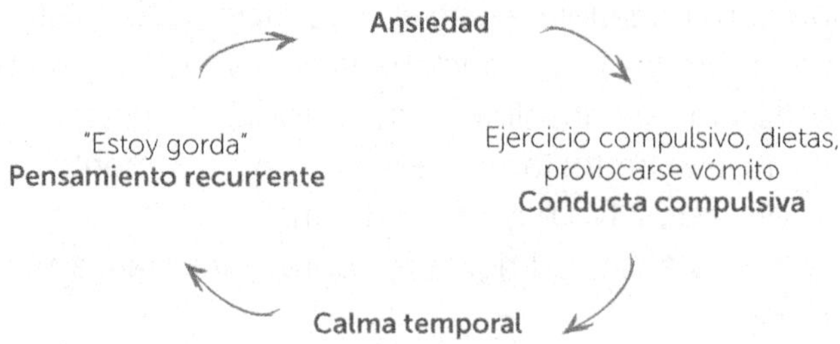

En este ejemplo sucede lo mismo que en el anterior, en donde se establece un círculo vicioso que al repetirse una y otra vez lleva a quien lo experimenta a sentirse fuera de control. Hoy, tendemos a sobreidentificarnos con los pensamientos dándoles valor absoluto. A lo que yo agregaría: TÚ NO ERES TUS PENSAMIENTOS. Los pensamientos solo son eso, pensamientos. En el mundo de las ideas, todo se vale. Podemos pensar lo que sea sin que se lleve a cabo o tenga que tomar forma mientras no se materialice en la palabra o la acción. Uno de los grandes retos que nos ofrece esta reflexión es dejar los pensamientos fluir, observarlos sin materializarse y sin sobreidentificarnos con ellos.

A ese ratón que vive en la cabeza, lo alimentamos de pensamientos que hacemos recurrentes y con los que nos identificamos, es todo un arte. Escuelas como el *mindfulness* nos invitan a darnos cuenta de lo que pasa allá arriba, en nuestras mentes, sin caer en la sobreidentificación. No se trata de controlar lo que pensamos, sino de soltar, dejar pasar los pensamientos como dicen aquellos que practican la meditación. El pensamiento pasa, cede, cuando no se alimenta. El adolescente necesita ejercitar la flexibilidad de su pensamiento reconocer sus pensamientos y diferenciarse de ellos.

Ansiedad: producto del pensamiento recurrente

La ansiedad aumenta cuando rumiamos nuestros pensamientos. Esta se manifiesta de muchas formas: desde sudoración en las manos, palpitaciones y aceleración del ritmo cardíaco, problemas para conciliar el sueño, hiperventilación y ataques de pánico, por mencionar algunos ejemplos. Además, es causa de estados de dolor emocional. La ansiedad, como los pensamientos recurrentes, no mejora con los intentos de control. Al contrario, los intentos de control tienden a hacer de la ansiedad un estado más complicado, molesto y doloroso.

La ansiedad se vive en el cuerpo, y el cuerpo aprende a encender sus alarmas por el peligro cuando la cabeza le dice que está por enfrentar. Con el tiempo, sin estímulo o peligro aparente, el cuerpo aprende a encender sus alarmas. La ansiedad gobernará y se hará muy difícil de manejar; ante esta situación, el apoyo médico será indispensable.

La ansiedad es como el sistema de alarma de una casa. Si está adecuadamente programada, solo se activará cuando haya un peligro real, cuando alguien abra la puerta o rompa una ventana. Si el sistema de alarma de la casa está demasiado sensible, se activará cuando el viento mueva una cortina o un bicho camine por el piso. Nuestros cuerpos en estado natural, sin la influencia de toda esa información que consumimos del mundo, están perfectamente regulados para activarse ante un peligro real y una amenaza a nuestra seguridad y nuestra vida.

Hoy, esta alarma ha dejado de ser tan precisa por la gran información que alimenta nuestros pensamientos y que activa nuestros cuerpos y, al hacerlo, piensa que estamos en peligro. La sobreestimulación ha llevado a que estemos en un estado constante de alerta, es decir, en estados constantes de ansiedad.

Conductas compulsivas

Las conductas compulsivas nacen de la necesidad de querer aliviar la ansiedad que se dispara por los pensamientos recurrentes. Estas conductas pueden ser variadas, desde fumar, tomar alcohol, hacer ejercicio en exceso, comer, autolesionarse, etc. Brindan un alivio inmediato y nos ofrecen un estado de bienestar temporal. Aquí la clave es que estas solo funcionan de forma breve y muchas de ellas crean dependencia física. No es fácil romper estos círculos viciosos y menos para un menor que se encuentra en desarrollo. La ayuda profesional es necesaria cuando el patrón se ha establecido y este círculo vicioso se repite sin cesar.

En resumen, hay un sinfín de cosas que les pueden doler a los jóvenes adolescentes. Nuestra función como padres no es evitar el sufrimiento, sino acompañarlos, sostenerlos. Acomodar el dolor y entenderlo. El dolor es parte de la vida y, por lo tanto, también es parte de la vida del adolescente. Sin dolor, no hay crecimiento, no se profundiza en esta experiencia de vida.

El **suicidio** es el resultado de una **tormenta perfecta**.

Mientras hay ***vida,***
hay alternativas de
solución.

Capítulo 2
Cuando el dolor alcanza el umbral

Mientras hay vida,
siempre hay alternativas de solución

La experiencia del dolor emocional

El dolor emocional es parte de la vida. Así, tal cual, y con todas sus letras. No hay más. Suelo decir que el dolor es como un precio que pagamos por esta experiencia que se llama vida. Todos vamos a experimentar dosis de dolor en diferentes momentos de nuestra vida, así como experiencias de dolor variadas.

> Así como existe un umbral al dolor físico,
> existe un umbral al dolor emocional.

Este umbral, es decir, nuestra tolerancia al dolor, varia a lo largo de nuestra vida y de momento a momento. Somos sistemas complejos hechos de nuestra biología, nuestros genes, nuestras historias e interacciones con otros. Todos esos circuitos y sistemas están en constante retroalimentación, por eso no hay dos personas que vivan una misma situación de la misma manera.

Los estadounidenses que estudian el tema del suicidio suelen decir que este es el resultado de una tormenta perfecta. No es el resultado de una sola variable, sino de la interacción de un sinfín de factores la que, en un determinado momento desencadena el proceso.

El pico de dolor emocional es eso, solamente un momento de crisis en el que la persona siente que este dolor rebasa su capacidad de hacerle frente para mitigarlo. Cuando el dolor se vive como insostenible o insoportable es cuando aparece la idea de muerte o de atentar contra la propia vida.

En este sentido, es de suma importancia señalar que una persona que piensa en el suicidio no necesariamente está buscando morir. Más bien, esta persona busca dejar de sufrir y usa la muerte como medio.

Aquí se abre una primera gran ventana de trabajo de prevención del suicidio.

Si estas personas pueden ver que no quieren propiamente morir, sino que la intención es dejar de sufrir, pueden, mediante el acompañamiento profesional y la asistencia de otros, buscar alternativas que no habían contemplado para calmar su sufrimiento. Mi reflexión es que, mientras hay vida, hay alternativas de solución.

Dentro de la suicidología se habla de la visión túnel. La visión túnel es cuando nuestra percepción, a causa del dolor, se limita solo a considerar el suicidio como única alternativa de solución. Esta percepción limitada no le permite a la persona que está experimentando dolor buscar otras alternativas de solución, por un lado, pero tampoco le permite ver el dolor que ocasionará a otros atentando contra su vida. No estará consciente del enorme impacto que tendrá, ni qué pasaría si intenta y falla, quien lo encontraría, etcétera.

Las personas que viven un intenso dolor emocional que toca su umbral o lo rebasa no pueden ver más allá de su dolor. Es como si la percepción estuviese nublada por ese dolor.

Para efectos didácticos, lo comparo con una persona que está padeciendo una terrible migraña. Vive temporalmente incapacitada, cualquier ruido o estímulo de luz le molestan, no podrá ayudar al hijo que pregunta por el lugar de la cátsup en la cocina. Sus funciones ejecutivas se ven afectadas durante cierto tiempo debido al dolor físico tan intenso de la migraña.

Para la persona que experimenta un dolor físico intenso no hay nada mas allá de este y la necesidad de aliviarlo. Esta es la visión túnel.

El suicidio como un proceso

El suicidio no es un evento, es un proceso. Uno que arranca con la idea de atentar contra la vida por el aumento que se vive en la intensidad del dolor emocional, como decíamos antes. La idea aparece de inicio de forma vaga y poco a poco va haciéndose recurrente en la medida en que el dolor persiste.

En lo personal, considero que toda persona que se encuentre frente a una tormenta perfecta, es decir, que esté experimentando una serie de variables que contribuyan a crear un ambiente de intenso dolor, puede atentar contra su vida.

> El suicidio puede ocurrir también entre personas normales y sanas enfrentadas a situaciones difíciles que les hacen perder la esperanza de encontrar salida.

Ante la intensidad del dolor, aparece la idea. Como decíamos antes, aparece una vez, luego otra y poco a poco es una idea que se puede volver recurrente. Tras un tiempo que sería difícil definir, pues varía, la idea va tomando forma y se convierte en un plan. Hasta este momento, la persona que experimenta dolor vive la idea de atentar contra su vida de forma ambivalente: quiere vivir, pero no quiere seguir sufriendo. La balanza entre la vida y la muerte va moviéndose poco a poco.

En este momento, las personas que llaman a servicios de emergencia psicológica o ayuda profesional muestran un fuerte impulso hacia la vida. Han decidido que quieren ayuda para seguir con vida y aliviar el dolor. ¡Esto es sumamente importante! Es otra ventana en donde la prevención es posible. Mientras la balanza se esté disputando entre la vida y la muerte hay mucho por hacer.

Una persona desarrolla un plan porque va perdiendo la fe. Su desesperanza y dolor le hacen pensar que no hay otra alternativa. En la medida en que el dolor y el desgaste emocional aumentan, la capacidad de ver salida disminuye.

Proceso del suicidio

Ideación → Plan → Acto → Acto consumado

Prevención | *Intervención* | *Posvención*

Señales

Las personas que piensan en atentar contra su vida dan señales. Para los que estamos a su alrededor, ver las señales no siempre es fácil, más bien, muchas veces es muy complicado. Esto tiene varias explicaciones: por un lado, nos genera mucha incomodidad escuchar el dolor del otro. Tendemos a negarlo y minimizarlo. Nos cuesta trabajo pensar que alguien quiera terminar con su vida.

Socialmente, se nos ha enseñado que lo correcto y esperado como respuesta a la pregunta "¿cómo estás?" es siempre "bien", sin ahondar en detalles, aunque la mirada y nuestras expresiones corporales digan lo contrario. Por otro lado, solemos ir por la vida de forma rápida y desconectada, sin darnos tiempo de realmente mirar y sentir al otro. Por una u otra razón, las señales muchas veces se ven en retrospectiva cuando el suicidio ha ocurrido. Si alguna vez dijo no sentirse bien, que la vida no tenía sentido o que tal vez nadie lo extrañaría si no estuviese aquí, eran indicios de advertencia. Para ver las señales es importante educarnos, afilar el ojo, conectar y poner atención en los demás. ¿Cuáles son estas señales?

- Cambios en su conducta, es decir, se comporta de forma poco habitual.
- Cambios en su estado de ánimo.
- Cambios en sus hábitos de sueño o alimentación. Ya sea que duerma de más o menos, coma más o se restrinja para comer. La palabra clave aquí es cambio.
- Si ha perdido interés por cosas que antes disfrutaba. Por ejemplo, que antes saliera con amigos y hoy se aísla; que antes participaba en actividades deportivas y hoy no quiere estar activo.
- Expresa desesperanza: "La vida no tiene sentido".
- Expresa afirmaciones de impotencia: "Por más que intento resolver la situación, no logro nada".
- Expresa devaluación: "No soy bueno para nada".

- Hace comentarios sobre suicidio: "A veces quisiera morir y dejar de sentir".
- Muestra preocupación por la muerte.
- Si observamos que regala objetos preciados o intenta dejar asuntos resueltos.
- Si vemos que tiene curiosidad o ha estado investigando acerca de métodos de cómo morir o muestra interés por contenidos relacionados con la muerte o el suicidio.
- Si observamos conductas autodestructivas o de riesgo.

Factores de riesgo

Los factores de riesgo se refieren a aquellas variables que contribuyen al aumento de la probabilidad de que alguna persona manifieste una conducta suicida. En el caso de los jóvenes existen factores de riesgo particulares de la edad. En general, podemos decir que los factores de riesgo son de tres tipos: de salud, ambientales y en relación con la historia de la persona.

Salud

- La impulsividad y la falta de madurez emocional son por sí mismas factores de riesgo entre los jóvenes. Nadie es un "producto terminado", estamos siempre en un proceso de transformación y evolución en la vida. En el adolescente, esto es evidente. Aún no ha alcanzado una madurez óptima y vive la vida con intensidad tomando decisiones de forma impulsiva y sin medir muchas veces las consecuencias.
- Un joven que ha sido diagnosticado con depresión o con algún otro trastorno psiquiátrico está ante un mayor riesgo de mostrar ideas suicidas. Los trastornos psiquiátricos son fuentes importantes de dolor emocional, más cuando no se ha recibido la ayuda o medicación adecuadas. Algunos ejemplos son la esquizofrenia, los trastornos de ansiedad y los trastornos de la conducta.
- Un menor que consume alcohol o drogas es más propenso a mostrar una conducta suicida. Su consumo pretende ser un anestésico emocional ante las experiencias de dolor, sin em-

bargo, estas conductas también pueden ser consideradas autodestructivas. Aunque el fin no sea necesariamente morir, hay un daño que se hace si abusa de este consumo. Por otro lado, decimos vulgarmente que el alcohol diluye la capacidad de autocontrol. Un menor bajo la influencia de estas sustancias puede tender aún más a la impulsividad.
- Si padece alguna condición de salud que le ocasione dolor físico.
- Alguna lesión cerebral traumática.

Ambiente

- Si el menor es o ha sido víctima de acoso escolar, el dolor experimentado será notable. Recordemos la importancia que tiene el sentido de pertenencia a esta edad.
- Ya decíamos que una importante tarea en la adolescencia es el logro de la identidad. Una parte importante es la identidad sexual. Si el adolescente está teniendo dificultades en lograr su identidad sexual porque aparecen la culpa y el acoso escolar, el tabú y el estigma, este proceso será causante de mucho dolor emocional.
- La falta de apoyo de su entorno representa otro factor de riesgo. Si no siente que puede comunicarse con sus padres, maestros o pares y se siente aislado e incomprendido, el riesgo será latente. Si existe estigma sobre pedir ayuda y siente que lo que le ocurre es vergonzoso o reprobable, se encontrará aún más vulnerable.
- No contar con acceso a servicios para el apoyo emocional como médicos, psicólogos o psiquiatras será una variable más. Esto muchas veces ocurre por la falta de recursos económicos, no tener acceso a medios de transporte o por falta de información sobre a dónde acudir.
- Si tiene acceso a los medios para atentar contra su vida como medicamentos, armas de fuego o cualquier otro recurso que pueda usar para atentar contra su vida, lo sitúan en un mayor riesgo.
- Experimentar estrés prolongado por pérdidas, problemas relacionales, escolares o familiares.
- Nuestras creencias juegan un papel fundamental en el riesgo de suicidio. Si por un lado se nos ha educado con mucha rigidez, la

culpa puede ser una amenaza. Las creencias religiosas pueden ser tanto un factor de riesgo como un factor protector. Si creo que he pecado y que no hay manera de sanar o enmendar la culpa, puede ser que la idea de muerte aparezca, por ejemplo.

Historia

- Las pérdidas o duelos vividos pueden ser fuentes de intenso dolor y, por lo tanto, también factores de riesgo.
- Agregaré a esta lista las experiencias traumáticas como abusos sexuales, violaciones, etc. Lograr superar estas experiencias no siempre es sencillo y muchas veces ni siquiera se hace un adecuado diagnóstico del efecto traumático de la experiencia. Recuerdo a una chica con la que conversé que mostraba un marcado riesgo suicida. El dolor era enorme, refería haber tenido un intento previo y mostraba una clara ideación suicida. Al ahondar en su historia, refirió haber sido víctima de una serie de violaciones en diferentes ocasiones, situaciones que la hacían sentirse terriblemente avergonzada y sucia. Situaciones que sus padres desconocían y que ella tenía miedo de que se enteraran. El trasfondo de su ideación suicida era la fuerte carga traumática de las experiencias vividas.
- También el riesgo aumenta si existen en la historia familiar pérdidas por suicidio, por el dolor que la pérdida implica.
- Un último factor de riesgo es el que existan intentos de suicidio previos. Un joven que no ha logrado sanar la causa de su dolor emocional y que ha sumado a este el dolor del intento no consumado es aún más vulnerable a volverlo a intentar. Sin embargo, esto no quiere decir que una persona que no lo consuma será suicida siempre. Este es un mito que revisaremos más adelante. Todo va a depender de cómo se vive o vivió la experiencia del intento. Cómo se entendió, digirió y acomodó tan triste y dolorosa experiencia.

Factores protectores

Los factores de protectores, por otro lado, se refieren a aquellas variables que ayudan a disminuir la probabilidad de que alguna persona manifieste ideas de muerte o una conducta suicida. Entre estos factores se encuentran los siguientes:

- Que el menor cuente con vínculos sólidos y confiables en su entorno. Cuando se siente querido y tiene un lugar de pertenencia es menos vulnerable.
- La resiliencia y contar con buenas habilidades en la resolución de problemas. Esto implica que tenga una buena capacidad de reconocer sus estados emocionales y de comunicarse de forma adecuada con los demás, aun cuando está experimentando momentos de dolor emocional.
- Sus creencias respecto al significado de la vida o la muerte. Por extraño que parezca, las creencias religiosas como pensar que no podemos atentar contra nuestra vida porque es pecado puede ser un factor protector.
- El miedo a la muerte, miedo a intentar y fallar, etc., también pueden considerarse factores protectores. Afortunadamente, una persona que piensa en atentar contra su vida y expresa tener miedo es menos vulnerable a llevarlo a cabo que una persona que no ha pensado qué pasará o las posibles consecuencias de sus actos. Por ejemplo, hace unos años, en un congreso, hubo una presentación en donde se desarrolló este tema. Se mostraron varios videos en los que personas que estaban en medio de la crisis suicida se detenían, ya que aparecía el miedo en última instancia. Esto es muy riesgoso, ya que ponerse en una situación de peligro latente puede poner en peligro nuestra vida.
- Tener acceso a una atención adecuada y oportuna es sin duda otro factor protector. En consecuencia, hoy se busca que exista apoyo profesional accesible para todos. Si el joven tiene algún tipo de trastorno tanto emocional como mental o de consumo de sustancias, que pueda tener acceso a un adecuado diagnóstico y tratamiento.
- Asimismo, no tener acceso a medios letales ayudará a preservar la vida durante más tiempo.
- Un menor que siente que su vida tiene sentido y propósito, que es importante para los demás y que muestre estar anclado a la vida será menos vulnerable a atentar contra su vida aun en momentos de intenso dolor emocional.

Mitos alrededor del suicidio

Mito uno: "Está llamando la atención". Una persona que habla de quitarse la vida *sí* está llamando la atención. Es una solicitud de ayuda. Nunca hay que minimizar esto. Algo debe estar terriblemente mal cuando una persona habla de querer atentar contra su vida como una manera de atraer la atención de los demás. En conclusión, si lo insinúa, lo puede llevar a cabo. Punto.

Mito dos: "El suicidio solo ocurre en personas que padecen algún trastorno mental". Este mito me parece extremadamente peligroso, pues deja de lado a un sinfín de personas en riesgo potencial. Me explico. Las personas que han sido diagnosticadas con un trastorno mental, depresión, por ejemplo, o ansiedad, no la están pasando bien, y el dolor emocional que acompaña estas afecciones es evidente. Puede haber, entonces, entre personas diagnosticadas con un trastorno mental una mayor incidencia o tendencia al suicidio.

Sin embargo, muchas personas que se quitan la vida nunca fueron diagnosticadas y llevaron vidas perfectamente felices y funcionales hasta el día que se encontraron frente a esa tormenta perfecta. Yo dedico una parte importante de mi labor profesional a acompañar a personas en sus procesos de duelo por una pérdida por suicido y he podido constatar una y otra vez que muchos de estos seres queridos eran personas sensibles, amorosas y maravillosas pasando por un momento de intenso dolor emocional. El suicidio es una tragedia, pero no deja de ser humana. En conclusión, las personas que tienen algún padecimiento mental tienden más al suicidio, sin embargo, no todas las personas que se quitan la vida padecían un trastorno mental.

Mito tres: "Hay que evitar el tema, de lo contrario se le puede estar dando la idea". Si vemos a una persona que no la está pasando bien y tememos que se pueda hacer daño, es de suma importancia preguntarle si lo ha pensado. Esto puede ayudar a salvarle la vida. Es una conversación necesaria. Hay un "elefante blanco en la sala" que hay que nombrar. Si no está ahí, en realidad no pasará nada por preguntar. Si está ahí, cabrá la posibilidad de manejar la situación en conjunto. En conclusión, a nadie se le da una idea que no tenga.

Mito cuatro: "El suicidio solo ocurre entre pobres e ignorantes". El suicidio no distingue raza, clase social, género o edad. Sabemos que los suicidios son más frecuentes entre ciertos grupos, como los jóvenes, o que los hombres tienden a consumarlo más que las mujeres por el tipo de medio que eligen (métodos más letales porque se les ha enseñado a ser más agresivos como parte de su expresión viril); sin embargo, insisto, el dolor emocional es una experiencia humana y todos podemos enfrentar en algún momento determinado una tormenta perfecta en nuestra vida, un pico de dolor en el cual lleguemos a sentir por un momento que no hay esperanza para el futuro. En conclusión, el suicidio es una experiencia humana que no distingue entre personas.

Mito cinco: "Una persona que lo intenta una vez, será un suicida siempre". No podemos afirmar esto, ya que no sabemos cómo vivió esa experiencia. Hay personas que después de un intento de suicidio ven la vida de otra manera. Tocados por esta experiencia cercana de morir revaloran a sus seres queridos y encuentran alternativas donde antes no las había. Aceptan ayuda y entran en procesos terapéuticos que les ayudan a resignificar la experiencia. Dijimos antes que una persona que lo intenta una o varias veces está en un mayor riesgo de volver a intentarlo, pero no es un hecho que vaya a ser un suicida siempre. Las crisis pasan, la vida cambia, los seres humanos nos transformamos. En conclusión, cada experiencia es única y las personas que tuvieron un intento pueden resignificar la experiencia y sanar.

Mito seis: "El suicidio es hereditario". No existe un gen del suicidio. Hay trastornos mentales que tienen factores hereditarios y genéticos, sin embargo, el suicidio es una conducta, y como tal es aprendida. Aprendemos de lo que observamos y de lo que otros, nuestros padres y familiares, nos enseñan. Aprendemos cómo se resuelven los conflictos ya sea por medio de negociaciones, mediante la comunicación, de manera evasiva o con el suicidio como posible salida. Sabemos que existen familias en donde ha ocurrido más de un suicidio y esto es verdaderamente lamentable. Se imitó y repitió una conducta observada.

Otro factor que ocurre es que cuando hay un suicidio quedan muchas preguntas en el aire y queda sembrada una fuerte carga de dolor en el sobreviviente. En ocasiones, los sobrevivientes de suicidio atentan contra su vida como una manera de entender. Es decir, si caminan el mismo camino y siguen los mismos pasos, pueden creer que obtendrán las respuestas que de otra manera no aparecen. Esto definitivamente debe evitarse. No necesitamos repetir para entender.

También puede haber una tendencia a la ideación suicida en los sobrevivientes de suicidio debido a la carga tan intensa del dolor producto de la pérdida. En conclusión, no existe un gen que justifique que la conducta suicida se herede.

Cómo hacer una intervención en caso de riesgo suicida

Algunos teóricos consideran estas señales invitaciones que otros nos hacen para poder hablar y expresar cómo se sienten. Es una solicitud de ayuda. El primer paso es escuchar la intuición. Si algo no te checa, no te cuadra, no te hace sentir bien y activa la vocecita interna de la intuición, hay que hacerle caso. Yo parto de siempre hacerle caso a la intuición. Prefiero pecar de exagerada que minimizar. Se trata de vidas humanas. Cuando me preguntan si creo que hay personas que tratan de llamar la atención con la idea de atentar contra su vida, suelo contestar que tal vez; sin embargo, algo tiene que estar terriblemente mal para que una persona llame la atención con su vida. Definitivamente ¡es una llamada de atención! y hay un riesgo de vida.

En mis clases de intervención en crisis estudiamos la primera ayuda psicológica (PAP) que cualquiera puede aprender y llevar a cabo en una situación de crisis como en un desastre natural. Cuando un desastre natural ocurre, los sistemas profesionales de emergencia no se dan abasto para contener la macrocrisis que un fenómeno así desata. La PAP se creó como entrenamiento básico para que todo miembro de una comunidad pueda ser un apoyo. Contempla tres pasos básicos: observar, preguntar y escuchar.

Estos pasos son esenciales en la prevención de suicidio. Observamos con todo lo que somos, con nuestros ojos y con nuestra intuición. Al observar, sigamos estos pasos:

1. Estoy atento a mi intuición. Como si esta fuese un radar, la intuición se vive como una corazonada que despierta y activa una serie de sensaciones y pensamientos. No la descartes, permítete sentirla y escucharla.
2. Observa a la persona que tienes enfrente. ¿Cómo se ve? ¿Qué te dice su lenguaje verbal y que te comunica su lenguaje no verbal? ¿Su expresión, su mirada, su cuerpo en general? ¿Cómo se siente su energía?
3. Haz la pregunta. Sí o sí hay que preguntar si ha pensado en hacerse daño o quitarse la vida. Uno de los grandes mitos es pensar que las personas que la están pasando mal, al preguntarles si han pensado en quitarse la vida, se les da la idea. ¡Esto es un grave error! Preguntar abre la posibilidad de hablarlo y digerirlo. Hablarlo puede llevar a una descarga del dolor acumulado. Tenemos miedo de preguntar porque, por un lado, está el pensamiento de "le estoy dando la idea" y también por no saber qué hacer si la respuesta es "sí, sí lo he pensado".

   Detengámonos un momento. Si haces la pregunta, solo hay dos posibles respuestas: sí y no. Si la respuesta es positiva, es decir, la persona sí ha pensado en el suicidio, hay una serie de preguntas que siguen para evaluar los que los suicidólogos llamamos riesgo suicida. Si la respuesta es NO, no hay riesgo de momento ni se le está dando la idea. Si la respuesta fue SÍ, el siguiente paso es preguntar "¿y has pensado cómo?". Con esta pregunta estamos tratando de saber si la persona se ha movido de un lugar de ideación a planeación, si ha dado un paso más en el proceso de suicidio.

   Si la persona no solo lo ha pensado, sino también ha pensado en un plan, el riesgo es mayor. Y el riesgo aumenta cuando tiene lo necesario a la mano para llevar a cabo el plan.
4. El orden de las preguntas que uno debe hacer para una intervención de suicidio es: ¿Has pensado en quitarte la vida? ¿Has pensado cómo lo harías? ¿Tienes algo de esto a la mano? Una vez que preguntaste si hay un plan, oye la historia. Yo suelo preguntar, "¿qué te duele?", considerando que casi siempre hay una historia de dolor emocional que acompaña la ideación suicida. Esto abre la posibilidad de una conversación profunda y oportuna. Cuando la persona tiene la oportunidad de expresar el dolor que siente, puede, mediante la palabra, descargar un poco de la intensidad emocional.

A lo largo de los años en que he hecho prevención de suicidio, he considerado que esta tarea es labor de todos, no solo de los que hacemos el trabajo como parte de nuestra profesión. La PAP o primera ayuda psicológica está ahí para que todos podamos hacer una intervención breve y oportuna cuando hay una amenaza a la vida. Cuando nos educamos en el tema y seguimos estos pasos básicos, tejemos una red de contención social. Nos cuidamos mutuamente y estamos alerta y pendientes de los demás en sus momentos de pico de dolor emocional. ¡Es increíble lo que una conversación amorosa y empática puede hacer!

Hace unos años, tuve la hermosa oportunidad de grabar una charla TEDx que titulé "Cómo salvar a alguien del suicidio". El mensaje sobresaliente de esta charla fue justo la idea de que todos podemos salvar una vida cuando nos ponemos al servicio de los demás y estamos dispuestos a decirle al otro: "**Tu vida es importante para mí**".

No se tú, pero para mí, toda vida es importante sin importar de la relación que tenga con la persona. Y no importa si la acabo de conocer. Lo que sí sé y conozco es el impacto de los suicidios en tantas y tantas personas. Una de las pérdidas, sin duda, más dolorosas que enfrentar.

Volvamos al tema del proceso de intervención del suicidio. Cuando una persona lo ha pensado y ha desarrollado un plan, lo más importante es hacerle saber que juntos buscarán una alternativa de solución, el primer paso será vincularlo con algún servicio de atención profesional. Hoy en día existen muchas líneas que ofrecen apoyo de forma gratuita y también muchas instituciones. Es solo cosa de buscar.

Para que la persona en crisis acepte esta ayuda es importante estar dispuesto a escuchar la historia de dolor y acompañarla sin juzgar. Recordemos nuevamente que mientras la persona expresa su sentir y su dolor va liberando y descargando un poco de la tensión emocional acumulada. Es prestarnos a fungir como la válvula que libera la presión en la olla exprés. Validar el dolor, ser empático y mostrar interés genuino es parte de una buena escucha. Si el riesgo está latente y la persona piensa en hacerse daño en ese momento, es de suma importancia no dejarlo solo hasta que la crisis haya pasado. La crisis suicida en donde el peligro es más latente solo dura cierto tiempo. Se trata de un momento agudo de dolor.

Pedirle a la persona que nos está narrando su historia de dolor que postergue la decisión de atentar contra su vida es viable. No tiene que decidir en ese preciso momento si vivir o morir, solo necesita comprometerse a mantenerse con vida mientras lo ayudamos a encontrar ayuda profesional. Los que nos dedicamos a este trabajo estamos entrenados para hacer lo que se llama un contrato suicida, en donde le pedimos a la persona que acuerde con nosotros no intentar nada sin antes llamarnos. Para ello, aceptamos estar disponibles en cualquier momento. El contrato suele convertirse en un factor protector como los que mencionamos antes. Una persona que ha acordado no atentar contra su vida como parte de un contrato reduce la posibilidad de realizarlo, sabe que hay alguien pendiente y a quien le importa. Podemos evaluar rápidamente el riesgo cuando conocemos los factores de riesgo y los protectores que existen alrededor del suicidio.

En conclusión, los suicidios nacen del dolor emocional. El suicidio es una experiencia humana. No distingue raza, credo, ni clase social. Si se junta una tormenta perfecta de intenso dolor emocional que rebase la capacidad de la persona para hacerle frente con la oportunidad de atentar contra la vida, puede que un intento suceda. Los suicidios ocurren en un contexto social y pueden prevenirse cuando todos participamos en cuidarnos, para hacerlo de forma efectiva hay que educarnos en esta importante labor.

La **resiliencia** se ejercita, se desarrolla, pero no crece donde no hay dolor.
Se **fortalece** cuando se atraviesa el dolor y forma un *callo emocional*.

resiliencia

Cada experiencia
de dolor
trae consigo
un **aprendizaje.**

Capítulo 3
Dolor, muerte y duelo

Si lloras por haber perdido el sol,
las lágrimas no te dejarán ver las estrellas.
Rabindranath Tagore

El duelo como experiencia emocional

En la juventud, como mencionamos en el capítulo 1, se viven muchas experiencias por primera vez, así como pérdidas. El duelo es la respuesta ante una pérdida. A los jóvenes les puede doler su cuerpo infantil, el cambio de casa o escuela, la separación de los padres o el distanciamiento con un amigo, por ejemplo. Ya decíamos que también es en esta etapa cuando pueden experimentar la pérdida por una muerte por primera vez.

Recuerdo cuando tenía 13 años y un par de mis compañeros de la escuela perdieron a sus papás. Para mí, fue el primer contacto con la muerte y sembró un miedo que me acompañó por un largo período de que algo le pasará a mi papá. Poco después, perdí a un compañero de clase, fue una experiencia que me confrontó con la posibilidad de mi propia mortalidad. ¡Y pensar que de jóvenes nos sentimos invencibles!

Estas experiencias fueron fuertes y yo aún no tenía la madurez emocional ni el desarrollo espiritual que amortiguara el golpe. Viví estas experiencias con ansiedad y miedo, tenía pesadillas y me sentí con frecuencia vulnerable. Y así, estas primeras pérdidas que experimenté fueron haciendo en mí ese callito emocional del que hablábamos antes. Estas pérdidas me llevaron a cuestionarme sobre el sentido de la vida, y lo finito de esta me recordaba que había que valorar cada día que estaba aquí.

> El duelo en los jóvenes tiene tintes particulares.

Pedirle a un adolescente que verbalice cómo se siente no siempre es productivo, ya que muchas veces aún no saben cómo identificarlo o expresarlo. Es más frecuente que podamos inferir sus emociones por su conducta. Ayudarlos a ponerle nombre a las emociones y a expresar adecuadamente su dolor son tareas importantes de los padres, deben acompañarlos a transitar la experiencia de dolor, ya que será fundamental para su desarrollo emocional. No quiero decir con ello que siempre sepamos cómo se sienten, pero podemos ayudarlos a reflexionar.

Brené Brown, en su libro *Atlas of the Heart* (2021), refiere que hay muchas emociones más allá de las básicas: alegría, tristeza y enojo. Somos mucho más complejos. En este libro ella describe un número importante de emociones a detalle y hace alusión a que tener un vasto lenguaje emocional ayuda a que la comunicación en nuestras relaciones sea más clara. Esto quiere decir que, tan preciso como pueda identificar y expresar lo que siento, mejor será mi comunicación con el otro. Suelo recomendar a los padres que me consultan que sigan estos pasos para ayudar al desarrollo emocional de sus hijos:

1. Observar su conducta y preguntarse ¿Qué me dice de cómo se siente? Recordemos que la conducta muchas veces expresará más que las palabras.
2. Intuyo y me dejo sentir, ¿qué me hace sentir?
3. Pregunto con curiosidad y sin llegar a conclusiones. ¿Será que te estás sintiendo de *x* o *y* manera?

Con independencia de lo acertado de la inferencia, la realidad es que fungimos como espejo para ellos. No siempre tendremos razón, pero abrirá la posibilidad a la reflexión de cómo se están sintiendo. Hay estados emocionales que son difíciles de identificar y muchos de los sentimientos no aparecen en un estado puro. Se pueden sentir muchas cosas a la vez, incluso sentimientos que parecen mutuamente excluyentes. Te pongo un ejemplo, pensemos que un amigo te traiciona y les cuenta a otros un secreto que pediste que guardara. Cuando te enteras, tal vez tu primera reacción sea llamarlo para reclamarle. Dices estar muy molesto. Es posible que no solo estés molesto, sino decepcionado o triste. Que sientas incluso vergüenza por el secreto revelado.

Enojo y tristeza parecen muchas veces ser dos caras de la misma moneda. Muchas personas que expresan estar enojadas están en realidad tristes o dolidas, y usan el enojo como escudo y protección. A una persona enojada basta preguntarle, ¿qué te duele? para romper la coraza emocional. Suele pasar también a la inversa, cuando vemos a una persona triste y preguntamos qué la frustra o le molesta. Enojo y tristeza parecen partir de una energía similar con dirección opuesta.

La tristeza daña a quien la siente, el enojo daña a quien es blanco. En ambos casos, duele sentir tristeza y enojo. Sin embargo, en consulta suelo decir que tienen efectos diferentes: que el enojo suele alejar a la gente, mientras que la tristeza la acerca. Pensemos en un animal herido que instintivamente, al sentirse vulnerable, muestra las garras y los dientes para defenderse. ¡Cualquiera correría! Como señala Brené Brown (2021), muchas veces es importante permitirnos mostrar la propia vulnerabilidad para conectar con el otro. Desde la defensa, esto resulta imposible. Identificar cómo se siente un joven que está sufriendo no es tarea sencilla. Por ello hay que estar atentos y cercanos. Pendientes y observadores tanto de lo que dice con la palabra como de lo que expresa su conducta.

Variables en el duelo

Las pérdidas se vivirán de forma diferente dependiendo de distintas variables. La primera sería la relación que se tenía con la persona fallecida. ¿Quién era? ¿Y qué tipo de relación tenían? En este sentido, nos preguntamos si se trata de la madre o el padre, un par o de alguien más. En el caso de la madre o el padre, podemos asumir que existe una tendencia mayor a que se trate de una relación de dependencia y que la pérdida física venga acompañada de la pérdida de seguridad, por ejemplo. Si se trata de un par, muchas veces lo que se pierde es esa idea de ser invencible, como decíamos antes, y que confronta al hijo con su propia mortalidad.

Otra variable es la experiencia de pérdidas anteriores. ¿Qué otras pérdidas ha tenido? ¿Cómo las vivió? La historia de pérdidas nos dice mucho. Si es la primera, hay que crear la estructura emocional para entenderla y digerirla. Esta estructura se crea al vivir la experiencia misma y en reflexión con otros. Que implicará desde decir adiós a la presencia física, hasta asistir a los ritos fúnebres. Si ha habido pérdidas previas, acomodar una experiencia nueva en el archivo previo implicará poner en tela de juicio las creencias y los aprendizajes previos.

El momento de vida es una variable más. ¿Con que recursos emocionales cuenta en este momento? ¿Qué otras cosas están pasando en su vida? Nuestras redes de apoyo aportan un sostén importante para enfrentar un duelo. Estas redes están constituidas usualmente por nuestra familia, padres y amigos. Un buen sistema de apoyo es crucial en momentos en que experimentamos el dolor de una pérdida. Como ya hemos dicho antes en este libro, el adolescente, por su edad, atraviesa por múltiples cambios y muchos de ellos representan pérdidas en sí mismos. Muchas cambios, muchas pérdidas, pueden complicar la tarea de acomodar el duelo.

Una última variable serían las circunstancias de la muerte. ¿Cómo ocurrió? ¿Era esperada? ¿No fue anticipada? Las muertes que son repentinas tienden a ser más traumáticas por naturaleza y trastocan nuestra necesidad de certeza y predictibilidad de vida. Una muerte esperada, por desgastante que sea, nos permite hacer las paces y despedirnos. Las muertes inevitables suelen ser más fáciles de digerir, como aquellas que son por una enfermedad o por edad avanzada. Cuando una muerte pudo ser prevenida y ocurre a destiempo, por ejemplo, una muerte joven, es también más traumática.

Cuando vivimos una perdida por muerte, nos sentimos fuera de control. Lo que nos devuelve un cierto grado de control es poder tomar decisiones sobre cómo enfrentar la pérdida. En el caso del adolescente, es posible que prefiera recurrir al apoyo de los pares que de los padres. Que prefiera hablar con sus amigos de cómo se siente, que hablar con papá o mamá de ello. Puede que pida su espacio, que quiera pasar tiempo solo y estar en su cuarto. A los padres esto nos duele y muchas veces nos preocupa, en especial cuando el hijo atraviesa una pérdida. Recordemos entonces que está haciendo un ejercicio muy personal de regulación emocional, hay que darle espacio y decisión para que pueda identificar qué necesita.

Muchas veces como padres, ante una muerte, nos cuestionamos si el hijo debe asistir a los ritos fúnebres, si debe ver el cuerpo, así como qué tanta información necesitamos darle. Primero que nada, es importante subrayar la necesidad de hablar con la verdad y manejar la información de acuerdo con su edad. Segundo, considerar involucrar a los hijos en la toma de decisiones brindando la información pertinente, por ejemplo, qué implicaciones tendrá asistir al velorio o entierro y ver el cuerpo. Al hacerlos partícipes, les estamos dando la importancia que merecen, los reconocemos como otro y les permitimos seguir trabajando en su propia regulación.

Como padres que acompañamos el proceso de duelo que viven nuestros hijos, es importante que estemos disponibles para escuchar en caso de que quieran compartir con nosotros su sentir. Al escuchar, es importante no caer en opiniones, juicios o recetas rápidas de ayuda. Nuestro joven solo necesita ser escuchado e invitado a hablar. La escucha atenta y respetuosa lo invitará a compartir y se sentirá en confianza para poder expresarse. Nosotros ofrecemos el espacio, el hijo decide si lo toma y cuándo.

Durante el proceso de duelo es importante ofrecer consistencia y rutina. Estas ofrecen seguridad, aunque muchos jóvenes se quejan de los límites, les brindan contención. Sin embargo, cuando un joven está atravesando un duelo, es importante tener la suficiente flexibilidad en el día a día para que lo viva. ¡Los duelos requieren una energía emocional enorme! No es fácil atender las tareas diarias y escolares cuando emocionalmente se está en el proceso de digerir una pérdida. Como padres, hay que tener paciencia, tolerancia y flexibilidad. Es importante que pueda atesorar recuerdos del ser querido y que en casa se haga costumbre hablar de la persona fallecida de forma abierta y espontanea.

> La muerte no es el fin cuando se vive en el recuerdo.

El proceso de duelo toma su tiempo, bien dicen que "el duelo dura el tiempo que necesita durar". Y mientras dura, es fundamental que podamos darnos pequeños espacios de descanso del duelo. Darnos y darle oportunidad al hijo de salir, reír y divertirse aun mientras está en duelo. La tarea estará ahí, pendiente para cuando regrese.

El duelo por perder a alguien por suicidio

Sin lugar a dudas, una de las pérdidas más difíciles de elaborar para jóvenes y grandes es la que se experimenta por una muerte por suicidio. En mi experiencia, perder a alguien por suicidio es una de las pérdidas más dolorosas que existe. Tomemos algunas de las variables anteriores y apliquémoslas a las pérdidas por suicidio.

Primero, los suicidios suelen ocurrir de forma repentina y sin previo aviso. Ya decíamos en otro capítulo que las personas que se quitan la vida usualmente dan señales, pero muchas solo se logran ver en retrospectiva. Lo sorpresivo de la pérdida despierta una señal de alarma importante. "¡Nunca imaginé que algo así ocurriría!".

Segundo, los suicidios son siempre violentos, sin importar el método empleado. Se está violentando, aniquilando la propia vida.

Tercero, los suicidios son agresivos, es decir, salpican dolor a los que lo rodean. Las muertes por suicidio representan pérdidas que pudieron haber sido evitadas con la ayuda adecuada y con la intervención oportuna. Este tipo de pérdidas suelen ir acompañadas de sentimientos de impotencia. ¿Por qué no lo vi venir? ¿Cómo no me di cuenta? ¡Si tan solo hubiera hecho algo!.

La culpa, así como la necesidad de encontrar una explicación, son temas centrales en este tipo de pérdidas. Muchas veces porque uno mismo se culpa de no haber podido evitar el suicidio, otras veces la culpa aparece por la idea de haber contribuido de alguna forma. En el caso de los jóvenes, puede ser que la culpa aparezca de forma importante y difícil de manejar. Se puede preguntar cuáles fueron esas señales que no vio o, si hoy las ve en retrospectiva, podrá reprocharse no haber hecho más para evitar el suicidio.

La realidad es que uno puede hacer hasta un punto, y hacemos lo mejor con lo que tenemos. No siempre estamos equipados para ver las señales o intervenir. Un ejemplo de esto puede ser un joven que tiene un conflicto con otro y, como consecuencia de este conflicto, decide terminar con su vida. Aquí cabe señalar nuevamente que el joven que fue parte del conflicto ES responsable del conflicto, mas NO ES responsable de que el otro termine con su vida.

El estigma y tabú que acompañan al suicidio son sentimientos de vergüenza que muchas veces llevan a quien experimenta una pérdida así a aislarse. Existe una preocupación importante de que cuando un suicidio ocurre, este lleve a otros a pensar en atentar contra su vida también. Esto es falso y no se le dará a nadie la idea si es que no la tiene previamente. Sin embargo, la carga de dolor que genera una pérdida así puede llevar a algunos jóvenes a considerarlo. De ahí la importancia de hacer una intervención adecuada tanto con los jóvenes como con los padres y en el ámbito escolar.

Para un joven, perder a un ser querido por suicidio será una experiencia que seguramente quedará marcada en su vida. Si se trata de un familiar, tal vez habrá mucha vergüenza y temor a la respuesta social. En este caso, hay que preparar al joven para enfrentar el entorno y ensayar en lo posible diversos escenarios y comentarios que los otros pueden hacer.

Yo trabajo hace un par de años facilitando grupos de duelo por suicidio y, lamentablemente, los comentarios de otros sobre el duelo o el suicidio tienen un efecto profundo. Algunos comentarios que muchas veces se escuchan son: "Ya no llores, porque *x* no descansa". Idea terrible que deja al que se queda en vida sintiendo una mayor culpa y la imposibilidad de expresar sus emociones. Realidad: El fallecido ya no está, el deudo llora necesariamente como expresión de su dolor y este comentario nace de la incomodidad que sienten algunos ante la expresión de dolor emocional. Es necesario llorar la pérdida, lloramos porque amamos y sentimos nostalgia de la presencia física.

"Han pasado ya varias semanas (meses) y tu sigues igual... cuándo vas a dejar ir a *y*?". Como ya dijimos, el duelo dura el tiempo que necesita. Realidad: hay autores que aseguran que nunca dejamos de sentir dolor por una pérdida, por la ausencia de un ser querido. Aprendemos a vivir con ella y, por momentos y en ocasiones, volvemos a expresar ese dolor, nuestro duelo se vuelve a hacer manifiesto. No se trata de dejar ir, sino de abrazar e incorporar a nuestra vida los recuerdos de nuestros seres queridos. "¿Y cómo no se dieron cuenta de que tenía depresión?". No es fácil ver las señales que indican un riesgo de suicidio. Realidad: Aunque se vean las señales, no siempre podemos evitar un suicidio. Nuevamente, un comentario así genera una carga importante de culpabilidad y asume que el suicidio resulta de una única causa como la depresión, cuando en realidad el suicidio es multifactorial.

Este tipo de comentarios son frecuentes y solo han logrado reforzar el hecho de que el suicidio permanezca siendo un tema tabú con un fuerte estigma. Cuando nos encontramos frente a alguien que ha perdido a un ser querido por suicidio, lo mejor es decir: "Lo siento, que difícil y doloroso, no puedo siquiera imaginar lo que estas viviendo. Aquí estoy para escuchar, si quiere hablar". Es importante darle recursos al joven que ha tenido una pérdida por suicido para enfrentar el entorno, prepararlo para comprender que no todos van a ser amorosos y comprensivos, que, en muchas ocasiones, otros pueden evitarlo o evitar el tema por no saber qué decir o para evitar causarle un malestar. Incluso se recomienda ensayar algunos posibles escenarios y tener una respuesta rápida lista. Algunas ideas de respuesta son las siguientes: "Ha sido muy doloroso y no me siento listo para hablar de ello", "Es difícil entender lo que estoy viviendo cuando no lo has vivido", "Es algo muy personal y te agradecería si no entramos en detalles".

Por otro lado, muchas veces el que vive una pérdida por suicidio siente la necesidad de hablar de lo ocurrido. En ese caso, vale la pena decirle al otro: "Hablarlo me ayuda a desahogar mis sentimientos, me gustaría que me escucharas sin juzgarme". Al vivir un duelo por suicidio, es normal tener diferentes respuestas emocionales como sentimientos de tristeza, miedo (incluso de perder a alguien más), ansiedad (del futuro, dificultad para dormir y para concentrarse), desesperanza, enojo (sentimientos de abandono), culpa, vergüenza e incluso en algunos casos alivio (si es que había conflicto con la persona fallecida).

Cada uno elabora las pérdidas de forma diferente y es útil poder reconocer qué es lo que necesitamos y requerimos de los otros para sanar. Los que están a nuestro alrededor pueden tener las mejores intenciones, pero no saber si lo que ofrecen sirve. En estos casos, recomiendo que la persona en duelo haga explícitas estas necesidades y sea claro con ellas. Y decir, por ejemplo, "En este momento necesito estar solo", "Eso que me preguntas me mueve muchas cosas y preferiría abordarlas en otro momento", "Me ayudaría mucho si me das tu opinión, pero me siento vulnerable".

Mucho se puede lograr cuando hablamos abiertamente, con compasión y respeto del suicidio. Y es tarea de todos ir quitando uno a uno los ladrillos levantados en nuestras sociedades de creencias y mitos, de estigma y tabú.

Entender qué es el trauma

Mucho se ha estudiado y escrito a cerca del trauma en tiempos recientes. Eventos como guerras que impactan de forma masiva a sociedades han dejado ver que la respuesta traumática es una respuesta humana a situaciones adversas y de fuerte efecto físico, psicológico y emocional.

> La experiencia traumática deja una huella en nuestro cuerpo.

Involuntariamente, el cuerpo y la mente están despiertos y atentos tras una experiencia así. El sistema de alarma se ha encendido como protección para evitar un nuevo daño. Cuando vivimos una experiencia o una pérdida traumática (repentina, violenta y que no corresponde a una muerte esperada en esa etapa de la vida), difícilmente podemos acomodar la experiencia sin ayuda profesional. Algunos síntomas de una respuesta traumática son la hipervigilancia, alteraciones en el sueño (insomnio, pesadillas), rumiación, sudoración o taquicardia e imágenes invasivas.

Quien ha vivido una experiencia traumática sabe que superarla no es cosa sencilla. El trauma impacta todas las áreas de funcionamiento de la persona que lo experimenta. Le roba la capacidad de estar atento, le quita el sueño y lo lleva a sentirse vulnerable y fuera de control. Es como si el trauma tuviese vida propia y los intentos de control de la persona que lo experimenta solo fuesen intentos fallidos.

Una persona que ha vivido una pérdida traumática muchas veces se siente incomprendida por otros que no dimensionan la magnitud de la experiencia. Las pérdidas traumáticas suelen ser aquellas que ocurren de forma violenta o sorpresiva. La realidad es que cuando el trauma queda instalado en el cuerpo es difícil apagarlo de forma voluntaria, por decirlo así. El cuerpo guarda memoria de la experiencia traumática como una manera de estar protegido en caso de volver a estar en peligro. Pequeños recuerdos pueden actuar como detonadores de la respuesta traumática y tomar a la persona por sorpresa. Cuando estos ocurren, la experiencia traumática se revive como si estuviese ocurriendo en el momento presente. Esto es sumamente doloroso y hace sentir a la persona fuera de control y con miedo de no poder superar la experiencia original del trauma. Parte importante de una buena intervención terapéutica que pretenda ayudar a una persona que ha vivido una pérdida traumática o alguna otra experiencia de este tipo debe incluir, o por lo menos considerar, el trabajo con el cuerpo.

Resignificar la pérdida

Acompañar a un menor mientras experimenta sus primeras pérdidas implica ayudarlo a desarrollar su concepto de lo que es la muerte. Suelo contar con frecuencia una experiencia que tuve trabajando con unos chiquitos que habían perdido a su mamá de forma repentina por un infarto. Cuando María llego a consulta le pregunté qué razón le había dicho su papá de por qué venía a verme, a lo que contesto: "Porque perdí a mi mamá". En ese momento, tomé un lápiz y lo escondí bajo la mesa. Después pregunté: Si perdiste a mamá, pensemos dónde la podemos encontrar. ¿Dónde encuentras a tu mamá? Ella respondió: "La encuentro en mis sueños y en la playera que tengo de ella". Pocos días después, le hice la misma pregunta a Daniel, hermano de María. Daniel respondió: "Mi mamá... baila en mi corazón".

Con este trabajo, pudimos reflexionar cómo, aunque la muerte resulta en lo finito de la vida física, nuestros seres queridos pueden continuar estando presentes en nuestro mundo emocional. Este trabajo nace de una aproximación diferente de entender la vida que me regaló la terapia narrativa y que básicamente dice que la verdad absoluta como tal no existe, estamos más bien hechos de las historias que nos contamos. Creo que nos hemos contado demasiado que la vida acaba con la muerte y que hay que dejar ir, soltar y no llorar a los seres queridos que perdemos porque no los dejamos descansar.

Frecuentemente entre tanatólogos se habla de que el trabajo del duelo va encaminado a la aceptación de la pérdida, mucho por una lectura errónea de lo escrito por Elisabeth Kübler Ross, pionera en el tema.

> Cualquier intervención terapéutica que busque dejar ir como meta, generará una resistencia por parte del paciente. ¡Nadie quiere dejar ir a su ser querido!

Se puede elaborar un duelo cuando logramos encontrar que nuestro ser querido aún vive en nosotros y, como bien decía Daniel, aún "baila en mi corazón". Es un hecho que los jóvenes no están exentos de experimentar pérdidas en su vida, ya sea por una ruptura amorosa o por muerte. Darle un significado a estas experiencias será importante y parte de su tarea de maduración. Una pérdida bien asimilada podrá ayudarlos a profundizar en el significado de cada una de sus relaciones y en aquello que es importante en la vida. Los ayudará a ir definiendo cuáles son los valores y principios que regirán el resto de su vida.

Experimentar una pérdida, pese a lo doloroso que pueda ser, es una de las experiencias más grandes de transformación que cualquiera puede vivir. Como padres, asegurémonos de acompañar estos procesos de dolor brindando cobijo y consuelo, y asegurando que es ahí, en las noches más oscuras, cuando más brillan las estrellas.

El **suicidio** no es
un evento;
es un **proceso**.

suicid

Hay que escuchar
a la **intuición.**

Capítulo 4
Posvención en el ámbito escolar

Los que estamos de luto no estamos solos.
Pertenecemos a la compañía más grande del mundo:
la compañía de quienes han conocido el sufrimiento.
Helen Keller

Hace algunos años, cuando ya me dedicaba de lleno al trabajo relacionado con el suicidio, uno ocurrió en la escuela de mis hijos. Algunos padres de familia que conocían mi trabajo me llamaron pidiendo que asesorara a la escuela acerca de cómo hacer un adecuado manejo de la situación. Me acerqué a los directivos de la escuela y sugerí la forma de escribir un comunicado a los padres de familia y cómo tocar el tema tanto con los jóvenes en general como con el grupo de pares cercano en particular. Hubo resistencia por parte de la escuela. Resistencia que nacía del temor al contagio y a que, al hablar del tema, la idea pudiera influir en otros. La escuela respondió a la terrible pérdida recomendando un curso de cómo orientar a los estudiantes hacia la vida.

Hablar de dolor y de suicidio nos cuesta a todos y no es algo que hagamos gozosos y confiados. Hay un temor importante al hablar de temas oscuros, sin embargo, de no hacerlo, se corren más riesgos. El tema lo daba la situación vivida por todos, era una oportunidad de oro para tomar al toro por los cuernos y hablar de estos temas dentro de esta comunidad estudiantil. Y ya que abordar estos temas y estas lamentables situaciones no nos viene de forma natural, hagamos aquí un poco de trabajo de sensibilización.

Primero que nada, la escuela es el segundo universo donde el menor pasa más tiempo de su vida después del hogar. Este universo está compuesto por los pares, los maestros, los directivos, el equipo administrativo y otros padres también, todos interconectados por ese espacio compartido. En un espacio así, lo que pasa en un área repercute en la otra, lo que pasa con un menor puede impactar a muchos. Un suicidio tiene un efecto de bomba nuclear trastocando a todos los que son parte de una comunidad educativa.

Los pares se preguntarán qué fue lo que no vieron y cómo un evento trágico y final como la muerte puede ocurrir en uno de ellos. Los padres de preguntarán qué tienen que hacer para que algo así no les suceda a sus hijos y tal vez cuestionarán qué fue lo que otros no vieron, qué pasó inadvertido, para evitar tan terrible desenlace. La escuela como centro de conexión entre unos y otros posiblemente sienta la necesidad de comunicar la noticia y hacer algún tipo de posvención para manejar las secuelas del evento. Existen muchos efectos de un hecho y pocas respuestas concisas y claras de cómo actuar.

Comunicar la noticia

La Fundación Estadounidense para la Prevención del Suicidio (AFSP) ha creado un documento para guiar la posvención en un ámbito escolar, se titula *After a Suicide: A Toolkit for Schools* (2011). Lo primero y más importante es confirmar si la noticia es verídica, evitar en la medida de lo posible los rumores y tener como meta el manejo adecuado de la información. Para ello se sugiere designar a un equipo o persona encargada de ser el enlace entre padres, estudiantes y el cuerpo docente.

Puede ser difícil saber cómo proceder si el suicidio como causa de muerte no ha sido aún confirmado o si la familia no quiere compartirla por temor al estigma que conlleva. Si el suicidio como causa de muerte no ha sido confirmado y ya circulan rumores de la muerte de un estudiante, lo que se puede compartir es lo que se sabe hasta dicho momento: "Sentimos comunicar que hemos perdido a uno de nuestros estudiantes, lo que se sabe hasta el momento es...".

Si se especula que la causa de muerte es un suicidio, es importante ante todo mostrar sensibilidad y respeto por los deseos de los familiares, con cautela y cuidando la información que se comparte. Si los padres no quieren compartir el suicidio como causa de muerte y los rumores circulan, se puede atender a estos sugiriendo que hablar de suicido merece atención lo que implica evitar los rumores sobre la muerte del estudiante: "Las especulaciones y los rumores que han acompañado esta lamentable pérdida han puesto en la mesa el tema del suicidio. Queremos tomar esta oportunidad para hablar del él y brindarles la información adecuada para prevenirlo, lo que nos permitirá a todos sentirnos más seguros".

En este documento se sugieren varias cosas fundamentales, como el hecho de que la muerte por suicidio debe ser tratada y comunicada de la misma manera que cualquier otra casusa de muerte, sin simplificar ni glorificar dicho evento. Resulta importante señalar que compartir los detalles de la causa de muerte resulta no solo innecesario, sino un riesgo traumático. El respeto a los familiares y al círculo más cercano es fundamental. Es posible que exista la necesidad del entorno por saber más de lo ocurrido como una manera de dar sentido a una experiencia tan difícil y dolorosa, sin embargo, los detalles no brindaran mayor claridad ni alivio, y no es necesario hablar del método.

Es preciso notar que hay que estar conscientes de que el efecto de un suicidio en el entorno tiene características particulares, como la pregunta del porqué ocurrió, el sentimiento de culpa o la necesidad de encontrar un culpable que usualmente lo acompaña.

> Un suicidio es multicausal y muchas veces lo que hay de fondo es una experiencia de dolor. No hay culpables, y culpar solo causa más malestar del que ya estamos experimentando.

Las escuelas pueden ayudar a contener el malestar generado por dicha pérdida y ofrecer los recursos pertinentes tanto en el manejo de la crisis resultante de la pérdida como en la educación y capacitación para manejarla. Cuando un suicidio ocurre, suele haber preocupación de contagio, la cual es una preocupación válida e importante. Resulta entonces importante identificar si hay otros que muestren algún factor de riesgo (mencionados en el capítulo anterior) y establecer contacto con ellos para saber cuál es el impacto de este hecho. Existen diferentes niveles de comunicación que hay que atender.

El primer enlace necesario es con los padres del menor fallecido para ofrecer condolencias y el apoyo requerido para el manejo de la información. En esta primera comunicación, es de utilidad preguntar qué es lo que los padres quieren comunicar al resto de la escuela y cómo quieren que se aborde la información. Los padres pueden identificar quiénes son los compañeros cercanos si la escuela desconoce esta información. En esta conversación se puede preguntar por los arreglos fúnebres y si los padres quieren que esta información se comparta con la comunidad educativa.

En segundo lugar, hacer un comunicado general para la comunidad educativa, que incluye a los padres, alumnos, el cuerpo docente y personal administrativo, en donde se notifica de forma breve la noticia de la muerte de un alumno pidiendo respeto para la familia. Este comunicado es breve y puntual, no hace alusión a más detalles. Habrá que pensar en tener sesiones diferentes con cada uno de estos grupos para brindar la información necesaria, atender las dudas y cuestiones particulares de cada uno.

En cuanto a los padres, se sugiere convocar a una reunión informativa y de asistencia voluntaria. En esta se pretende brindar información sobre cómo abordar el tema de la muerte y el duelo, si se hará mención al tema de suicidio porque la causa de muerte se ha hecho pública o en respuesta a los rumores, es decir, abrir un espacio de preguntas y respuestas con los padres para ayudarlos a comunicarse con sus hijos.

Una preocupación que aparece con frecuencia entre los padres es que los jóvenes sean vulnerables y que les estén generando más dolor al tocar el tema. El dolor ahí está, ahora falta el espacio y la contención para poder manejarlo. Los menores necesitan ver en los padres una actitud de respeto, empatía, y no de juicio, ante este evento. Como papás, se vale decir: "Tengo miedo de perderte" o "No sabría qué hacer si esto nos ocurriera a nosotros". Es normal que a un joven en duelo le cueste trabajo dormir, comer o concentrarse. El proceso de duelo implica una alteración en la regulación, un estar fuera de balance temporal. Con tiempo, paciencia y apoyo emocional, la herida de la pérdida ira sanando.

En un trabajo más personal, habría que establecer un contacto directo con el grupo, el grupo de pares más cercano, así como con los docentes en contacto directo con el joven fallecido. Para ello, puede ser ideal el acompañamiento del psicólogo de la escuela o de algún profesional de salud mental. Los menores también requieren espacio para expresarse, aclarar sus dudas y ventilar sus emociones. En grupos pequeños será más fácil que el espacio brinde mayor seguridad y contención.

Es posible que haya que darle seguimiento al caso de más de uno y será prudente mantener a los padres informados. De la misma manera, puede que sea necesario vincular a algunos con una atención psicológica extraescolar y dar seguimiento al proceso con los padres, para garantizar que ninguno esté en riesgo de imitación y que el impacto de la pérdida tenga un lugar para ser trabajado.

Hay que tener en mente la importancia de brindar apoyo a aquellos que sean identificados en riesgo potencial de suicidio para ofrecerles los recursos necesarios que garanticen que estarán a salvo. Ante un suceso así, la escuela requerirá contar con el conocimiento necesario para abordar tanto el suicidio como el duelo, ayudando a su comunidad a tener la información adecuada para un mejor proceso de asimilación de esta experiencia. Anticipar las posibles reacciones que el suicidio puede despertar, como la pregunta de por qué ocurrió, la rumiación como una manera de encontrar sentido y la culpa de sentir que algo se hubiera podido hacer y no se hizo. Estas reacciones o respuestas son humanas, normales y esperadas ante la pérdida traumática.

¿Qué ocurrió? ¿Qué comunica un suicido? ¿Cómo se asimila o afronta? Son preguntas que hay que ayudar a contestar con la información oportuna. Cada estudiante responderá de manera diferente; unos querrán hablar abiertamente de lo ocurrido, otros preferirán evitarlo. No hay una reacción correcta, simplemente se tienen con base en la historia, la experiencia y el momento de vida, también dependerá de la relación que se haya tenido con la persona fallecida. Las reacciones son solo eso, reacciones. Uno no elige cómo sentir ante un hecho, simplemente responde de forma natural y espontánea.

Tan pronto como sea posible, será de utilidad citar a una reunión del personal docente para abordar cómo será manejado el tema y apoyarlos con la noticia para que ellos a su vez puedan ser un apoyo para los alumnos. Es posible que algunos de los maestros se sientan rebasados con la noticia, especialmente aquellos en contacto directo con el joven. Esto puede hacer difícil el desempeño de sus tareas, especialmente en los primeros días tras el evento. Esto es totalmente normal, y la escuela puede procurar ofrecer que la tarea docente sea cubierta temporalmente por un maestro sustituto.

Ante el impacto de un suicidio, es natural pensar que las tareas académicas sean difíciles de cumplir tanto por maestros como por alumnos. En este momento de crisis colectiva lo más importante es dar espacio y tiempo para asimilar la noticia. Se puede sugerir que las labores académicas continúen de forma regular sin que esto represente una presión para las partes. Es importante compartir con los maestros cuáles son los recursos a los que se tiene acceso para canalizar a algún estudiante que requiera apoyo emocional. Los maestros pueden fungir de enlace entre los alumnos y otros servicios de atención mediante la comunicación con los padres. Para ello, enseñar las bases de la primera ayuda psicológica (PAP) puede ser un gran beneficio.

Puede ser de utilidad que el psicólogo escolar monitoree la información que circula en las redes sociales para saber a qué contenidos están expuestos y qué temas son de relevancia para investigar. La información por estos medios viaja a velocidades desmedidas independientemente de la veracidad del contenido. Siempre daremos prioridad a la prevención del suicidio, ya que no queremos que ocurra; sin embargo, no podemos perder de vista que ocurren y que tienen un enorme impacto en un importante grupo de personas, y que eso requiere una atención pronta, profesional, empática y eficaz.

Vivir una perdida así en colectivo debería tender a fortalecer el tejido social, unir a todos por la experiencia del dolor compartido. Recordemos que el proceso de duelo tiene diferentes momentos, y aun siendo un proceso personal, en un entorno escolar donde ha ocurrido un suicidio, este se vive en colectivo. Una muerte por suicidio dentro del ámbito escolar debe mover a la reflexión compartida acerca del hecho de que el suicidio no debe seguir siendo un evento que conlleve estigma o sea un tema tabú. Hay que hablar abiertamente de lo que nos duele como seres humanos, de lo que les duele a los jóvenes y de qué necesitamos hacer todos para evitar que el dolor haga un pico tal que lleve a la idea de la muerte.

Sobre el contagio

Los que trabajamos con suicidio sabemos que no se le da la idea a alguien que no la tenga. Sin embargo, cuando tenemos jóvenes con factores de riesgo, un mal manejo de un suicidio en la escuela puede invitarlo a explorar la opción. Cuando hablo de un mal manejo, me refiero a glorificar al que se quitó la vida o hablar del suicidio como una salida al dolor. También es importante, como decíamos antes, no ser gráficos sobre el suicidio ni ofrecer detalles acerca del método.

Es posible que como maestros tengamos ciertos focos rojos sobre algunos alumnos que nos preocupan. Ya sea porque conocemos situaciones de dolor en su vida o porque sabemos que presentan algunas conductas autodestructivas. Si un suicidio ha ocurrido en la escuela, es importante monitorear a todos los estudiantes y poner mayor atención en los cercanos o aquellos por los que existía una preocupación previa.

Esto no quiere decir que necesariamente sea más viable un contagio en ellos, sino que el impacto cimbra las estructuras de todos y tenemos que estar atentos a esas estructuras que, de momento, se perciben más frágiles. Como maestra o psicóloga escolar, yo me preguntaría y le preguntaría al menor cómo ha vivido esta experiencia de perder a alguien por suicidio. Cómo la entiende y vive. En ello caben mil posibles respuestas y es importante estar abierto a escucharlas para poder valorar el riesgo. Una conversación de este tipo podría iniciarse así: "Se que no la has estado pasando bien y que recientemente te has encontrado con algunas dificultades. Ahora que esto ocurrió con tu compañero, quiero saber cómo estás y cómo te sientes. Ha sido muy doloroso para todos, ¿cómo lo estás viviendo tú?".

Los rituales son sanadores

Los seres humanos, independientemente de nuestra cultura o religión, hemos desarrollado rituales para dar sentido a los momentos de transición en la vida. Los rituales que se llevan a cabo cuando una muerte ocurre son oportunidades para los vivos de abrazarse y acompañarse en la expresión de dolor. Recuerdo hace unos años cuando murieron por un rayo dos compañeras de mi hijo. Fue importante que él y sus compañeros acudieran al velorio y fueran parte activa de la misa leyendo algo que habían preparado. Unos días después, la escuela reunió a su comunidad de padres y alumnos para plantar un árbol en memoria de las chicas. Un menor que muere es parte de una comunidad educativa y su muerte cimbrara a todos. Vivir un duelo en colectivo requiere rituales compartidos que nos permitan sostenernos unos a otros.

Un ritual cuando la muerte ha sido por suicidio no es diferente de aquellos que son por otra causa de muerte. El respeto debe ser el ingrediente primordial durante un ritual, así como la consciencia de que lo que nos une es el dolor compartido por una vida perdida.

No todo lo que pasa en nuestra vida está en **nuestras manos,** pero sí cómo lo *vivimos* o *enfrentamos*.

enfrentam

Tejamos una **red** de
contención social.

Capítulo 5
Caja de herramientas para padres y educadores

Tu vida es importante para mí

Antes de que comencemos a trabajar con estas herramientas, siento la necesidad de decirte que comparto contigo lo difícil que es ser papá o mamá. No hay una escuela a la que acudir para aprender a ser padres. Somos los padres que somos, a partir de lo que aprendimos de quienes fueron los nuestros con nosotros, ya sea porque queremos repetir sus patrones o porque queremos hacer justo aquello opuesto a lo que vivimos. Muchas veces repetimos patrones de forma inconsciente y somos ciegos y vulnerables al automatismo de la repetición. Hay mucho trabajo por hacer para traer a la consciencia lo inconsciente y para romper con aquellos patrones tan interiorizados y tejidos en nosotros.

No podemos cambiar aquello que no vemos y de lo que no somos conscientes. Ese es un hecho. Así que, para este capítulo, trabaja conmigo en la autobservación y el proceso reflexivo. Mantente abierto, ya que entre tú, yo y estas líneas no existe el juicio.

Comunica con amor

"Los límites son un acto de amor", suelo expresarles a los padres que me piden asesoría. Se puede decir que NO, con amor. Te digo que no porque te amo, porque me preocupo y porque me interesa tu bienestar. Veo frecuentemente padres a los que les cuesta trabajo ponerles límites a los hijos y me cuento en ocasiones entre ellos. Podría describir a los padres de hoy como "padres adolescentes" que quieren ser los cuates de sus hijos. Tus hijos tendrán muchos cuates y amigos, pero solo un papá y una mamá. El menor necesita que los padres le brinden la seguridad y contención, y sepan cuándo decir NO por su bien.

> Decir no es un acto de amor.

Los padres estamos ahí para acompañar y guiar su proceso. Para dejarlos experimentar, sin ponerse en riesgo. En este sentido, suelo decir a los padres que escojan sus batallas. Si estás discutiendo por la tarea, porque se lave los dientes y se corte el pelo, cuando intentes decirle que no puede ir al a fiesta en el coche de su amigo ya parecerás disco rayado. ¿Cómo eliges tus batallas? En lo personal, creo que hay muchas situaciones que se presentan con los hijos que tienen consecuencias naturales, como decíamos en un capítulo anterior. Es decir, si no se lava los dientes, le apestará la boca. Si no hace la tarea, el maestro lo dejará sin recreo. Si no come, tendrá hambre.

Permitir que el menor experimente las consecuencias naturales de sus actos será parte importante en el camino del logro de su propia regulación; es decir, comerá porque sabe lo que es el hambre, se lavará los dientes porque la niña que le gusta le hizo cara de fuchi, y eso si le importa, y hará la tarea por no quedarse sin recreo. Los padres no tienen mucho más que hacer que estar ahí, resistir la necesidad de intervenir (o decir ¡te lo dije!) y dejar que las cosas sucedan.

Hay situaciones en las que no podemos hacer más que intervenir. Por ejemplo, cuando la situación te genera temor y la vives como riesgosa. En ese caso, sugiero expresarle tu temor, explicárselo y tratar de razonar juntos por qué estás diciendo que no. Y, si no te sientes cómodo, se vale decir: "En esta ocasión, no estoy listo para darte permiso". Cuando no me convierto en ese disco rayado del discurso constante, es más fácil que el hijo acepte un no de vez en cuando. Como padres, tenemos que hacer ese trabajo sucio de decir que no por el más alto bien de nuestros hijos, saber cuándo es oportuno hacerlo y aguantar la resistencia que muchas veces recibiremos de ellos.

La vida nos regala muchas situaciones que considero oportunidades de oro para utilizar con nuestros hijos. Algunas de estas son aquellas que conllevan un mensaje importante para reflexionar sobre la vida. Por ejemplo, cuando algo injusto les sucede. El hijo llega de la escuela diciendo que el maestro lo odia y que fue injusto con su calificación mostrando preferencia por otro compañero. Antes de correr a solicitar una cita con el maestro o pedirle a la escuela que lo corra, detente a hablar con tu hijo y explora sus sentimientos y lo ocurrido, permite ventilar su malestar y abre el espacio para la reflexión. ¿Qué ocurrió? ¿Cómo se sintió? ¿Qué podría haber hecho diferente? ¿Qué tiene que trabajar para aceptar? Y, muy importante, ¿qué aprende de esta experiencia? Al abrir esta conversación estás permitiendo que tu hijo reflexione, desarrolle resiliencia y flexibilidad. La vida no será fácil, ni será siempre justa o lo que él espera, y, aun así, lo estarás preparando para atravesar cada nueva experiencia.

En otras ocasiones, las oportunidades de oro no nacen de cosas que les ocurren a ellos propiamente, sino de experiencias en su entorno. La noticia en la televisión, alguna situación que le haya ocurrido a algún conocido o cualquier contenido que le llegue por algún otro medio. Por ejemplo, la serie que vieron juntos la noche anterior en donde acosaban a un estudiante. ¿Qué reflexionas con él de esta situación? O la compañerita que quedó embarazada, por ejemplo.

> Antes de caer rápidamente
> en el juicio, entra en el espacio de
> la reflexión compartida.

Cuando pienso en la comunicación amorosa con los hijos, también se me viene a la mente otra escena. No es raro que padres e hijos discutan y que en medio de esa discusión el menor diga: "Te odio", salga corriendo al cuarto, azote la puerta y dé por terminada la discusión. Creo que pocos disfrutan estas situaciones. Al contrario, suelen ser fuentes de mucho dolor para ambas partes. Cuando nos enojamos y discutimos, es posible que lleguemos a un punto en el cual la discusión deja de ser productiva. John Gottman, del Gottman Institute, explica que, cuando discutimos con alguien, el ritmo cardíaco empieza a acelerarse y nuestro sistema nervioso empieza a experimentar algo que se conoce como *flooding* o hiperactivación, un estado de alarma que impedirá que sigamos abiertos al diálogo.

Esto lo refiere Gottman en su trabajo de consulta con parejas, y esto mismo ocurre en las discusiones entre padres e hijos. Llega un momento en el que cada uno está ya rebasado y la discusión deja de ser provechosa. En ese sentido, hay que saber cuándo parar la discusión y cuándo necesitamos espacio para restablecernos y recuperar la claridad y la calma. Esto implica permitir que el cuerpo regrese a un estado basal de funcionamiento. Pero aquí no acaba esto. Una vez que dimos espacio para que ambas partes se restablezcan, es importante retomar la conversación. ¡Aquí yace la verdadera oportunidad de oro! Cuando nos acercamos nuevamente y decimos: "Lo siento, no pretendía herirte", "Antes que nada, te amo y podemos acodar que en algunas ocasiones estaremos en desacuerdo y aun así nos queremos", "Necesito oír tu opinión y me gustaría que escucharas la mía", "Me interesa que podamos reflexionar sobre lo ocurrido".

Aquí se abre un espacio diferente de conexión con los hijos y de posibilidades de reflexión. Es importante que puedas observarte y observar qué emoción está generando tu reacción. Si, por ejemplo, ante su grito de "¡Te odio!" te detienes, puedo intuir que más allá de enojo sentiste un dolor profundo. Si puedes expresarle ese dolor y no el enojo, la posibilidad de conectar con él se abrirá. En conclusión, cierra los círculos y no dejes conversaciones pendientes. Habla con el corazón de forma oportuna. Elije tus batallas y permítete decir NO cuando sea necesario.

Brindar espacio para la autorregulación

La tarea más importante que tenemos como padres es formar jóvenes autosuficientes e independientes, responsables y con mentes propias. Para el logro de esta tarea, los menores necesitan escenarios donde puedan ir jugando y practicando a ser ellos mismos. Este les ira permitiendo conocerse mejor y desarrollar una identidad propia, además de que se les puede ir brindando desde que son pequeñitos, cuando se les permite explorar en el juego, con los alimentos o hasta en la forma de vestir.

No recuerdo nunca haber sido una mamá que se sentara a hacer tareas con sus hijos. No porque no pudiera, sino porque siempre pensé que las tareas que se les asignaban estaban dadas de acuerdo con sus posibilidades. Y si la tarea era demasiado difícil, era oportuno sugerir que mis hijos comentaran con la maestra que no habían entendido y pedir que se les explicara de nuevo. Cuando papá o mamá intervenimos de más, nos convertimos en su fuente de regulación: "Come, ponte el suéter, estudia, etc." se escuchan todo el día. Cuando el joven crece y esto continúa, lo que se establece es una lucha de poder entre el padre y el hijo. El hijo deja de hacer lo que el padre quiere solo por llevarle la contraria y pretende con esto decir "yo no soy tú y no hago lo que tú quieres".

Recordemos nuevamente las dos tareas fundamentales de esta etapa: la autorregulación y el logro de la identidad. Estas tareas no serán exitosas si lo que el joven experimenta es simplemente llevarle la contra a los padres como una manera de ganar la lucha de poder. Cuando hacemos de lado esta lucha, bajamos la cuerda, por decirlo de alguna manera, y le entregamos la responsabilidad de su vida, la historia cambia. Esto lo hacemos diciendo: "Reconozco que eres diferente a mí, acepto la diferencia. Estoy aquí para guiarte, no para imponerme. Te entrego la responsabilidad de tu vida y te acompaño en este proceso con los límites justos y poniendo en la mesa la comunicación y la capacidad de reflexión".

Una de las cosas complicadas de ser padres es el hecho de que no seremos los mismos a lo largo del desarrollo de nuestros hijos; lo que por un momento, tiempo o época nos funciona, necesitará un ajuste o revisión al entrar a otras etapas de la vida. La vida es cambio. Ellos cambian y nosotros también. De ahí la importancia de mantenernos flexibles y abiertos a los cambios.

Ayúdalo a encontrar su misión en la vida

Hace un tiempo, una persona me preguntó cuáles creía yo que eran los días más importantes de la vida, a lo que contesté que el día que nacemos y el día en que morimos. La respuesta que sugería era el día que nacemos y el día que descubrirnos para qué estamos aquí. Hoy sé que es una reflexión de Mark Twain.

Personalmente, creo que mi vida cambió cuando descubrí que mi misión de vida era comunicar y servir. Comunicar todo lo que había aprendido en relación con el suicidio y lo que había aprendido a lo largo de mis veintitantos años de dar terapia. Servir al prójimo al salvar vidas tendiendo la mano en esos momentos de desesperanza. El camino después de encontrar esta misión fue más claro, casi fluido. Fue como entrar en alineación con el universo y las cosas comenzaron a suceder de forma natural. Lo que requería de mí era que me mantuviera fiel a mi misión y sin dudar. Cuando me han preguntado cómo encontrar esa misión en la vida, me he sentado detenidamente a reflexionar de qué pasos está compuesto este proceso. Aquí te comparto algunas ideas al respecto.

Creo que como seres humanos todos tenemos la misión de servir, en cualquiera de nuestros escenarios e independientemente de la profesión elegida. Como padres, servimos a los hijos como cuidadores y guías; como seres vivos, estamos aquí para cuidar nuestro planeta; como seres sociales, para hacer de nuestro entorno un mundo mejor. Desde este reconocimiento, la pregunta que me viene a la mente es ¿de qué manera estas dispuesto a servir?

En segundo lugar, pude ver que todos somos únicos y que tenemos cualidades particulares. Yo no soy buena para las matemáticas, ni tengo capacidad musical o talento artístico. Sin embargo, siempre tuve facilidad para el análisis y para poner en palabras lo que veía y sentía. Poco a poco, con las diferentes experiencias de la vida, pude descubrir cuáles eran mis talentos y los pude explotar. La experimentación y el juego fueron clave en la posibilidad de descubrir para qué era buena. La mirada de mis maestros, de mis pares y de mis padres fue fundamental. Aprendí también a autobservarme y a sentirme. La pregunta que resulta de esta reflexión es ¿cuáles son tus talentos o los de tu hijo?

En resumen, cuando ponemos nuestros talentos al servicio de otros, entonces encontramos nuestra misión de vida.

Talento + Servicio → Dirección = Misión de vida

Finalmente, cuando le das la dirección de servicio a tus talentos y lo vives como tu misión de vida, la experiencia es de gozo y bienestar. Desde el marco de la psicología positiva y las teorías acerca de la felicidad, Mihaly Csikszentmihalyi formuló la teoría del *flow* o teoría de la experiencia óptima, en 1975, en esta refiere que cuando estamos en ese punto óptimo en relación con el gozo y la realización de una tarea, se pierde la noción del tiempo y la concentración está exaltada. ¡Qué maravilla poder experimentar tal momento de placer por la realización de una tarea!

Ayudar al joven a descubrir sus talentos es una tarea importante como papás. Lo podemos hacer a través de nuestra mirada, con una retroalimentación positiva cuando vemos que expresa esos talentos. ¡Todos poseemos talentos! Y seguramente áreas de la vida en donde mostramos una mayor dificultad. Como padres, es importante generar esos espacios de experimentación sin forzar nuestros deseos en nuestros hijos. Cuando el hijo descubre su talento y vive de acuerdo con este o estos, las cosas se facilitan. Por un lado, vivirá con mayor pasión y esto será un ancla para cuando las cosas se pongan difíciles. Tener identificada nuestra misión en la vida es un ancla para vivir.

El poder del servicio: ancla de vida

Hace unos años, pasé por un momento de mucho dolor emocional. Me sentía abrumada y vulnerable. Consulté con un amigo y guía espiritual quien me recomendó hacer servicio. En ese momento no entendía que tenía que ver el servicio con mi situación y cómo este podía cambiar mi perspectiva de lo que estaba viviendo. Pero me sentía tan mal y en un lugar tan oscuro que decidí seguir su consejo e intentarlo. Hice tanto servicio como pude. Tan pequeño como ayudar a alguien a cruzar la calle, dar una palabra de aliento o ser especialmente agradecida, así como dar alguna consulta gratis e intentar devolverle a alguien la esperanza de vida perdida.

¡Mi sorpresa fue enorme al ver el efecto que el servicio estaba teniendo en mí y en mi experiencia de dolor! Por un lado, la percepción de mi dolor cambió. Salí de mí para conectar con la experiencia del otro y pude ver que mis problemas se veían con otra dimensión. Lo que estaba viviendo era doloroso, pero había personas que la estaban pasando peor que yo; y yo, aun en mi dolor, podía hacer algo por los demás. Mientras ayudaba al otro, dejaba por un momento de pensar en mí, de rumiar mis pensamientos y de lamentarme.

El cambio de perspectiva y reconocer mi capacidad de dar fueron los más grandes regalos de la experiencia de hacer servicio. Hacer servicio literalmente me salvó mientras sentía que moría de dolor. El servicio fue un ancla de vida. Cuanto peor me sentía, más quería y podía dar. Mi dolor me hacía ser sensible y empática a las necesidades que me rodeaban y pude conectar con la gente a mi alrededor de una manera profunda y única. Incluso mi relación con el dinero cambió de una manera extraordinaria y mágica. Hoy puedo decir que la vida provee de muchas maneras y garantiza que no me falte nada para que pueda hacer el servicio que hago.

Extrañamente, esto no funciona a la inversa. Es decir, hacer servicio con la intención de garantizar el bienestar económico no sirve. El servicio debe nacer del profundo deseo de servir. Del gozo que implica dar por el simple hecho de que tenemos la capacidad de hacerlo. Una de las frases más hermosas que he escuchado es de la madre Teresa de Calcuta que dice: "Que nadie se vaya de ti sin haberse transformado".

Hoy vivo mi vida tratando de tocar otras vidas y a otras personas profundamente, permito que los demás me toquen y transformen con su presencia. No nos cruzamos en la vida con otros por casualidad y siempre, aun en los momentos más difíciles, podemos servir.

> Hacer servicio es un ancla para la vida.

Para el menor en desarrollo, tener la experiencia del servicio es fundamental. Cuando mis hijos eran pequeñitos, solo recibían regalos en Navidad, nunca para Día de Reyes. Entre una y otra fecha, ambos festejaban sus cumpleaños. Para principios de año, la casa estaba llena de juguetes y de cosas que no necesitaban. ¡Para mí era abrumador! Así que establecimos la costumbre de hacer espacio para algunos juguetes nuevos despidiendo juguetes que estaban en buen estado. Ellos elegían qué querían regalar. Al principio fue dramático. No querían dejar ir ninguno. Finalmente, con algunos juguetes en la cajuela y con un grupo de mamás y sus hijos que habíamos reunido nos lanzábamos a las colonias más necesitadas y nos estacionábamos en algún lugar donde veíamos que había niños. Uno a uno, mis hijos y sus amiguitos entregaban los juguetes. Fue increíble ver cómo pasaron de esa resistencia inicial a preguntar por qué no habíamos llevado más juguetes. Habían descubierto el gozo del servicio. Esto lo hicimos año con año hasta que crecieron.

Si tu como papá o mamá has experimentado esto, tu tarea es ofrecerles el espacio para experimentar algo similar. Recordemos que los hijos no aprenden del discurso, sino de la experiencia. Hacer del servicio una parte de su vida será un regalo para ellos como lo fue para mí. Los hará sentirse productivos, útiles e importantes. Verán sus problemas desde otra perspectiva y encontrarán también su misión de vida.

Las mejores intenciones no siempre tienen los mejores resultados

Parto de que la mayoría de los padres aman a sus hijos y quieren lo mejor para ellos. Es raro encontrar lo opuesto. Sin embargo, la intención no basta cuando de ser padres se trata. El rol de padres implica no solo amor, sino esfuerzo. Muchas veces hay que ensuciarse las manos para llevar la tarea de la paternidad a cabo. Esto quiere decir no delegar la tarea. No esperar a que sea el maestro el que eduque a nuestros hijos por nosotros o que sea la ley quien ponga los límites, por ejemplo.

En nuestro rol como padres muchas veces hacemos cosas con la mejor intención, pero sin lograr los resultados que esperamos. Es frecuente que trabaje con esta idea en el espacio de la consulta. Por un lado, califica a los padres como padres amorosos. Por otro, abre la puerta a la posibilidad de que juntos encontremos alternativas y estrategias que funcionen. Cuando me formé como terapeuta familiar, pasábamos horas viendo familias y estudiando sus dinámicas. Una pregunta que nos hacíamos con frecuencia es ¿esto le funciona a esta familia? Sabemos que algo funciona porque hay flexibilidad en las familias, porque hay paz, evolución y crecimiento.

Pensemos en este ejemplo: María, la mamá de Daniel, todos los días pelea con él porque tiene su cuarto tirado. Estas peleas han desgastado la relación. María se siente frustrada y Daniel no puede ver a su mamá ni en pintura porque siempre la escucha con el mismo reclamo. Es una escena clásica, especialmente con adolescentes. Cuando observamos esta pauta de interacción, vemos que la intención de María es buena (educar y hacer de Daniel un hombre ordenado), sin embargo, no está obteniendo lo que desea con la queja constante. Al contrario, está alejando a Daniel y creando fricción en la relación entre ellos. Además, hay que leer esta interacción de ida y vuelta o de forma circular, como decimos los terapeutas familiares; es decir, cada vez que María se queja de Daniel, él se aleja. Cada vez que Daniel se aleja, menos recoge su cuarto y más se resiente. Cuando Daniel se aleja, no recoge y resiente, María se frustra. Y esto ocurre otra vez.

Es importante notar la pauta de interacción, describirla y pensar dónde se puede insertar un cambio. Los padres dirían rápidamente que si tan solo Daniel recogiera el cuarto la problemática entre ellos cambiaría. Posiblemente, pero este resultado no siempre es el esperado.

Por lo tanto, mi intervención sería primero nombrar la pauta. Describirle a María lo que está pasando. "Cada vez que tú haces *x* ocurre *y*, y esto se repite una y otra vez". Segundo, pensar qué puede ella hacer diferente para obtener otro resultado. Por un lado, es darse cuenta de que puede soltar la cuerda. No necesita establecer una lucha de poder con Daniel porque esto no está llevando a ningún lado más que a lastimarse. Segundo, hablar de lo que siente cuando esto ocurre y cuál es su intención: "Daniel, me preocupa que no seas responsable de tus cosas y siento que mi tarea como mamá es ayudarte a ser mejor persona y más ordenada". Tercero, hay que recordar que lo que los jóvenes hacen a esta edad tiene que ver con sus intentos de diferenciarse de nosotros como papás y que estas dinámicas son pasajeras. El menor está en búsqueda de su propia identidad y autonomía para su regulación. Una conversación productiva podría ir de esta forma: "Entiendo que necesites tu espacio y que quieras tener la libertad para tenerlo como deseas. Para mí es importante que puedas ser responsable de ti mismo y de tus cosas. No quiero que sigamos discutiendo por lo mismo porque te amo, me gustaría que lleguemos a un acuerdo que a los dos nos haga sentir bien. ¿Qué propones?".

Esta conversación reconoce a Daniel como un joven pensante e independiente. También reconoce la necesidad que tiene María. Y, en la medida que le da a Daniel la posibilidad de proponer, cumple con la tarea de abrir la comunicación desde la validación. La invitación con este ejemplo es que te detengas a pensar si lo que hasta hoy vienes haciendo funciona. Si no, qué otras alternativas tienes para cambiar la pauta de interacción. Desde el momento que hablamos de interacciones, estamos hablando de que hay por lo menos dos personas implicadas. Lo que quiere decir que, si el cambio no viene de una, puede venir de la otra. Si yo dejo de hacer lo que hasta hoy he hecho una y otra vez, necesariamente la pauta cambiara. Muchas veces no se trata de hacer de más, sino menos. A veces es necesario soltar el control.

> La paternidad es sin duda un ejercicio constante de ensayo y error.

No hay recetas universales. Lo que funciona muchas veces con un hijo no funciona con el otro. Sin embargo, lo que siempre resulta es tener la flexibilidad de intentar diferentes pautas para evitar quedarnos atorados en patrones que no funcionan.

Cuando los intentos de solución se convierten en el problema

El ejemplo anterior explica un poco de esto. El intento de solución de María daba pie a un nuevo problema que era el distanciamiento con Daniel. En algunos otros casos esto es muy claro de observar. Pienso en los papás que están entrenando al chiquito en el control de esfínteres. Para evitar que el hijo moje la cama, mamá o papá se levantan cada hora para llevarlo al baño. Y sí, el hijo deja de mojar la cama, pero ahora los padres han comprometido su sueño para lograrlo. Ahora el problema es otro.

Otro ejemplo que me viene a la mente es cuando los padres, por temor a que el niño no entregue tareas o repruebe el año, se hacen cargo del trabajo escolar. Apoyan al menor con la tarea, el proyecto o la presentación. Resolvieron con ello la tarea presente, pero el problema que nace de esto es que no aprende a regularse ni de las consecuencias de sus actos. Para situaciones futuras dependerá de la intervención del padre sí o sí, y este será entonces el problema. De aquí lo importante de que los padres se detengan a pensar si realmente con su intervención están brindando una solución o creando un problema futuro. Como padres hay que tener esa capacidad de reflexión y no actuar desde el impulso.

Cada situación invita a una reacción de los padres y no toda reacción implica intervenir activamente. Muchas veces simplemente es soltar y dejar que las consecuencias naturales sean la solución al problema inicial, como dijimos antes. Si no hace la tarea una vez, la consecuencia será que perderá el recreo. Esto le enseñará a regularse para el futuro. Estas son las oportunidades de oro de las que hablábamos antes.

> No ofrezcamos soluciones que impliquen ponernos como muletas, pues los hijos dependerán de ellas para caminar.

Acepta aquello que no puedas cambiar, cambia aquello que necesita cambio

La sabia oración de la serenidad dice así: "Señor, concédeme serenidad para aceptar todo aquello que no puedo cambiar, valor para cambiar lo que soy capaz de cambiar y sabiduría para entender la diferencia". Para fines de este libro, hagamos omisión a la parte religiosa de esta oración y tomemos el mensaje de fondo.

No todo lo que pasa en nuestra vida está en nuestras manos, pero cómo lo vivimos o enfrentamos sí. Muchas veces, reconocer sobre qué cosas tenemos control y sobre cuáles no, no es tarea sencilla. Por un lado, enseñar a los hijos la aceptación de las cosas que no pueden cambiar considero que es una tarea importante. No, no puedes cambiar que no te hayan invitado a la fiesta, que la niña que te guste te haga caso o que te dé el sí, si no quiere. Hay que aprender a vivir con la desilusión y los desencuentros. La aceptación de los hechos que no están en nuestras manos es un camino menos doloroso que la lucha interminable de que las cosas sean lo que queremos y que al final no ocurrirán como se planearon.

Por otro lado, si erraste o lastimaste sin querer y te das cuenta de que tienes la posibilidad de tener un impacto en el cambio de una situación, vale la pena pensar si actuar es importante. Cuántas veces nos quedamos pasivos o inmóviles ante situaciones que requieren que actuemos y no lo hacemos. Resolver este dilema de si aceptar o actuar en pro del cambio solo es viable cuando nos damos tiempo para reflexionar y meditar. Frecuentemente me imagino sobrevolando una escena y me pregunto: ¿Esto está en mis manos? ¿Qué pasaría si actúo o intervengo? ¿Qué puedo cambiar? ¿Qué tengo que soltar y aceptar?

> Soltar y aceptar son verbos, no es una forma pasiva de estar en la vida. Implican un esfuerzo, un movimiento, una acción.

Acepto no ser invitado a la fiesta. Acepto que me duele, que me siento marginado o rechazado. Me doy permiso de llorarlo y de expresarme. Aprendo la lección y lo dejo ir. En el mundo de hoy, el control de las cosas, los resultados y las situaciones se ha vuelto todo un tema. Con el paso de la vida y la madurez, aprendemos a aceptar un sinfín de cosas que no podemos cambiar. Una pandemia, una enfermedad y muchas otras experiencias. Me viene a la mente como metáfora de esto el surf en los hawaianos. Te explico.

El deporte nacional en Hawái es el surf. Los hawaianos viven mucha de su espiritualidad en contacto con la naturaleza. Comparan el mar con la vida y las olas con los cambios de la vida. El mar y sus mareas son impredecibles y cambiantes, por lo que hay que aprender a nadar la ola de la vida. Y la mejor manera de nadar la ola sin ser revolcado es con ella y no contra ella. Resistirse en este caso no sirve. La solución es fluir. Ir a donde va la ola. Duele menos soltar que resistirse, duele menos fluir que controlar.

> La vida no es blanco y negro.

La vida no es blanco y negro, sino tonos de gris. Muchas veces pensamos si las cosas son buenas o malas o si yo soy bueno o malo, como si la única manera de entender la vida fuese desde el absoluto. Muchas personas ven la vida con este lente: Soy maravilloso o no sirvo para nada. Tengo éxito o soy un fracaso. Tengo autoestima o no la tengo. La respuesta no es ni una ni otra. Es un tono de gris. Como seres humanos tenemos muchas cualidades, pero también defectos o áreas de oportunidad, por llamarlo de otra forma. En la vida tendremos momentos de éxito y seguramente también de fracaso.

Cuando las personas hablan de la autoestima, me genera ruido, pues creo que el amor propio es uno, sin embargo, la confianza que sentimos en nosotros mismos varía dependiendo de la situación en la que nos encontremos y de quienes estemos rodeados. La autoestima no es estática e inamovible. Muchas personas hacen movimientos perceptuales polares. Pasan de un extremo a otro con gran facilidad. Si las cosas no son perfectas, entonces piensan que no sirven.

> Abrazar los grises de la vida
> también es un aprendizaje.

No todos los días son maravillosos ni existen personas perfectas. Vuelve a recalcar la idea de que la vida es cambio y, entre un polo y otro, experimentamos muchos tonos de gris. La tarea de abrazar los grises como parte de la vida solo se logra cuando trabajamos en nuestra flexibilidad tanto mental como emocional. Por ahí dicen que seamos como el agua que toma la forma de su contenedor. Lograr abrazar los grises también implica un proceso emocional y cognitivo de integración. Puedo ser bueno y no tanto. Puedo tener cualidades y defectos. Mis hijos no son perfectos y esto es perfecto. Esta complejidad de tonos es lo que nos hace humanos. ¡Qué importante es no reducirnos a etiquetas limitantes!

Tu voz irá conmigo

El joven en desarrollo se mira constantemente en el reflejo de la mirada de quienes lo rodean para definir su identidad. Suele ser especialmente agudo en tomar elogios y críticas como tabiques para la construcción de su *yo*. No solo los padres juegan un papel fundamental en ellos, sino también los pares y sobre todo los educadores con quienes pasan mucho de su tiempo y quienes ofrecen una mirada a su labor en el salón de clase. Un maestro puede construir o destruir la autoestima de un joven.

Cuando mi hijo entró a segundo de primaria, me acerque a la escuela a conocer a la nueva maestra que le tocaría como titular. Antes de entrar al salón de clase a conocerla, vi pegada en la pared la lista de alumnos que serían parte del grupo de mi hijo; para mi sorpresa, en su mayoría eran varones. Me acerqué a la nueva maestra y, tras presentarme, le dije que me apenaba que fuera a tener un grupo de solo varones que seguramente serían tremendos y difíciles de manejar, a lo que ella contestó: "¡No, señora Jessica, será más divertido!". Miss Marilú fue la mejor maestra que mi hijo pudo tener. Tenía la capacidad de ver el talento que cada niño poseía, también podía ver qué cosas o áreas se les dificultaban, sin embargo, siempre resaltaba las fortalezas llevando al estudiante a vencer cualquier limitación.

Mi hijo tenía una letra que parecía patas de araña y perdía cuanto lápiz nuevo se le compraba. Ella pudo notar que era muy listo y que los pensamientos en su cabecita iban más rápido de lo que podía escribir, de ahí la letra fea y su falta de atención. Sin ella, la historia escolar de mi hijo hubiese sido diferente.

Los estudiantes requieren maestros sensibles y observadores, maestros con voluntad de dejar huella y sembrar sus voces como recuerdos de validación y capacidad. En algún taller que di en alguna escuela para padres, sugerí la siguiente tarea: los padres tenían que identificar cinco cualidades y cinco defectos propios. Una vez hecho esto, les pedí que hicieran una breve reflexión adjudicando la voz de una persona en su historia que hubiera sugerido dicha descripción. Muchos padres apuntaron a la voz de algún maestro como parte de la descripción de sí mismos.

Si hoy hago el ejercicio, puedo ver cómo la etiqueta de que "soy mala para las matemáticas" viene de haber reprobado un examen en quinto de primaria y haberme sentido humillada cuando el maestro entregó los exámenes de la mejor a la peor calificación, siendo mi examen el último que entregó frente al grupo. También me volví muy insegura al cantar después de que mi maestra de música me pidió que cantara con los niños y no con las niñas, sin mayor explicación, y pensando que era para que mi voz no fuese escuchada.

Creo que todos tenemos ejemplos de cómo ciertas voces y miradas nos han marcado. Al entrar en contacto con jóvenes es indispensable que seamos conscientes de esta responsabilidad y poder. Seamos agentes transformadores de nuestros jóvenes, que nuestras voces y miradas irán con ellos.

Hablemos de dolor

Vivimos en sociedades que promueven una felicidad tóxica e irreal. Desde las redes sociales en donde solo se muestran fragmentos de lo que parecen vidas perfectas. Nos hacemos daño y les hacemos daño a los jóvenes cuando no normalizamos que el dolor es parte de la vida. Muchos padres evitan que los hijos los vean llorar o discutir pensando que, al hacerlo, estarán lastimándolos. No estoy sugiriendo con ello involucrar a los hijos en nuestras historias o en nuestros problemas, sin embargo, creo que es necesario que se pueda hablar de todo tipo de emociones y situaciones.

Hemos enseñado a los jóvenes a "lavar la ropa sucia en casa", es decir, a que los problemas no se deben ventilar. Pero no les hemos enseñado a hablar de ellos y de la importancia que tiene poder decir: "No la estoy pasando bien y necesito ayuda". Necesitamos aprender a sentirnos cómodos en nuestro propio dolor y frente al dolor ajeno.

> El dolor compartido hace la carga menos pesada; brinda perspectiva y encuentra mejores alternativas de solución.

Como terapeuta, pienso que aquello que se puede hablar no se actúa. Si mediante la palabra encuentro alivio y descarga, es posible que no me siga generando malestar y, por lo tanto, esté más lejos de hacerme daño o dañar a otros. Como padres o maestros, es importante poder decir: "Estoy aquí en las buenas y sabré escuchar y acompañar en las malas sin juzgar y entendiendo que estás en proceso de maduración y crecimiento".

A veces jugamos a que ese elefante blanco del dolor no está sentado en nuestra sala y mecanismos como la negación y evitación nos llevan a no nombrarlo. Jugamos a que, si no lo nombro, puedo hace como que no existe. Lo contrario es cierto. Las cosas se comunican de forma verbal y no verbal, los secretos son secretos a voces que todos sabemos y nadie se anima a poner en la mesa. Hay que aprender a hablar de lo que nos pasa, de cómo nos sentimos. No elegimos cómo sentir, simplemente sentimos.

Un menor que experimenta dolor es vulnerable si no tiene con quien compartirlo. Los padres o los maestros podemos ofrecer estar disponibles y dispuestos a tener esas conversaciones difíciles que implican hablar de dolor. Tal vez no seremos a quien el joven recurra, pero es importante que la puerta esté siempre abierta. Pueden requerir encontrar otras vías para una adecuada expresión y regulación emocional. Tal vez en la música, el deporte, al llevar un diario, etc. Hacerle saber que no estar del todo bien es normal, y que navegar los grises de la vida es parte del camino. Cada experiencia de dolor trae consigo un aprendizaje. Permitamos que profundicen en su experiencia de vida, con guía, aceptación y amor incondicional.

¿Cuáles son los dos días más importantes de la vida?

El **día** que **naces** y el **día** que **descubres** para **qué.**

Mark Twain

Anexos

El duelo en los adolescentes

Una guía para padres

1

En medio del invierno había dentro de
mí un verano invencible.
Albert Camus

Cosas que puedes hacer

- Acompaña, observa y respeta.
- El duelo toma su tiempo: sé paciente.
- El dolor emocional puede significar crecimiento: ayúdalo a manejarlo.
- Integra al ser querido, ayúdalo a recordar la vida de quien perdió.
- Brinda espacios y formas adecuadas de expresión emocional.

Señales que indican que hay que buscar apoyo

- Dificultad para funcionar en el día a día.
- Dificultad para concentrarse poniéndose en riesgo.
- Marcada pérdida de interés en actividades que antes resultaban placenteras.
- Aumento o disminución importante de peso.
- Alternación significativa del sueño.
- Síntomas que indican posible trauma.
- Pensamientos recurrentes de muerte o suicido.
- Ansiedad, ataques de pánico, sobresaltos.
- Recuerdos invasivos.
- Pesadillas recurrentes.

No digas

- Sé fuerte
- No llores
- No deberías sentirte así
- Ni siquiera lo conocías
- Tienes otros amigos
- Necesitas dejar ir
- Concéntrate en tus estudios
- Tienes que seguir con tu vida

Para tomar nota

- ☑ El desarrollo físico no equivale a madurez emocional necesariamente.
- ☑ Hay que estar alerta de posibles conductas de riesgo, así como de anestesias emocionales al dolor (alcohol, drogas, sexo, conductas autolesivas, etcétera).
- ☑ Un estado de funcionamiento alterado puede ser normal por un tiempo como parte de la experiencia de duelo.
- ☑ Usa esta experiencia para enseñar a tu hijo compasión, empatía y resiliencia.
- ☑ Una muerte por suicidio puede ser una pérdida traumática y las experiencias que se viven como traumáticas requieren atención profesional.

Para comprender el suicidio

2

El propósito es encontrar una **solución**.

El objetivo común, el cese de la **consciencia**.

El estímulo común, el dolor emocional *insoportable*.

El factor de estrés común, las necesidades psicológicas y emocionales insatisfechas.

La emoción común, la desesperanza.

Bibliografía y recursos recomendados

Sobre duelo

Neimeyer, R. (2002). *Aprender de la pérdida. Una guía para afrontar el duelo*. Ciudad de México: Paidós.

Sobre el duelo por suicidio

American Foundation for Suicide Prevention. (2011). *After a Suicide: A Toolkit for Schools. Home.* https://afsp.org/our-work/education/after-a-suicide-a-toolkit-for-schools/ [consulta: 4 de octubre de 2022].

Organización Mundial de la Salud. (2021). *Suicidio*. https://www.who.int/es/news-room/fact-sheets/detail/suicide [consulta: 4 de octubre de 2022].

Wolf, J. (2022). *Superando el duelo después de un suicidio. Las experiencias de los que se quedan*. Ciudad de México: Editorial Terracota.

Sobre el duelo por la ruptura de una pareja

Caruso, I. (1968). *La separación de los amantes*. Ciudad de México: Siglo Veintiuno.

Sobre trauma

Van del Kolk, B. (2004). *El cuerpo lleva la cuenta. Cerebro, mente y cuerpo en la superación del trauma*. Barcelona: Eleftheria.

Sobre las emociones

Brown, B. (2021). *Atlas of the Heart: Mapping, Meaningful Connection, and the Language of Human Experience*. Nueva York: Random House.

________. (2012). *The Power of Vulnerability, Teachings on Authenticity, Connection, and Courage*. Louisville: Sounds True.

Csikszentmihalyi, M. (2009). *Flow: The Psychology of Optimal Experience*. Nueva York: Harper and Row.

Fisher, H.E. (2017). *Anatomy of Love: A Natural History of Mating, Marriage, and why We Stray*. Nueva York: W.W. Norton & Company. [(2012). *Anatomía del amor*. Madrid: Anagrama].

Gottman, J.M. (1993). A Theory of Marital Dissolution and Stability. *Journal of Family Psychology*, 7(1), 57.

Maslow, A.H. (2021). *A Theory of Human Motivation*. Saint Paul: Wilder Publications.

Sobre las estadísticas del suicidio

Organización Mundial de la Salud [OMS]. (2021, 17 de junio). *Una de cada 100 muertes es por suicidio* [comunicado de prensa]. https://bit.ly/3DbOR84

Instituto Nacional de Estadística y Geografía [Inegi]. (2022, 8 de septiembre). *Estadísticas a propósito del Día Mundial para la Prevención del Suicidio* [comunicado de prensa]. https://bit.ly/3SBoI8I

Asociaciones de apoyo

Asociación Mexicana de Suicidología (AMS)
Rossini 101, Col. León Moderno, C.P. 37480, León, Guanajuato.
Línea de vida: 800 900 8432.
https://suicidologia.mx/

Instituto Hispanoamericano de Suicidología (Inhisac)
Boulevard Gran Sur 1150, 1er. Piso, Consultorio 7, Pedregal de Coyoacán, Coyoacán, C.P. 04300, Ciudad de México.
Teléfono: 55 4631 3307
https://www.suicidologia.com.mx/

American Foundation for Suicide Prevention (AFSP)
Email: advocacy@afsp.org
https://afsp.org/

American Association of Suicidology (AAS)
https://suicidology.org/

International Association for Suicide Prevention (IASP)
https://www.iasp.info/

Canadian Association for Suicide Prevention (CASP)
https://suicideprevention.ca/

Livingworks
https://www.livingworks.net/

Organización Mundial de la Salud (OMS)
https://www.who.int/

Carta a mi hijo

No te puedo decir que la vida no va a doler.
Va a doler y mucho.
Hoy he recorrido ya parte de la mía.
He podido recolectar aprendizaje para ir un paso adelante.
No, no lo sé todo aún, sigo aprendiendo a tu lado.

Estoy ayudándote a caminar,
levantándote si te veo caer,
sanando tus heridas con amor y paciencia.

La vida me ha regalado dosis infinitas de amor incondicional.
Eres sangre de mi sangre
y carne de mi carne.

Y, aun así, eres tú.
Tan diferente de mí.

Veo pedacitos de mí
reflejados en ti.
Y descubro cosas nuevas que no conozco,
que no son yo,
sino tú.

Caminando de la mano de la vida
creces,
crezco.

Evolucionamos juntos,
nos transformamos.

Soy tu guía
y tú mi maestro.

No te puedo decir que la vida no va a doler,
pero te puedo decir que cada experiencia de dolor te transformará e irá moldeando tu corazón, tu alma y tu conciencia.

Acerca de la autora

Jessica Wolf estudió psicología en la Universidad Iberoamericana, institución en la que es profesora del posgrado, y cursó una maestría en Terapia Familiar en la Universidad Anáhuac, en donde también ha impartido clases. Ha tomado diplomados en terapias narrativas y posmodernas, terapia de pareja y terapia de juego.

Participa en actividades para la prevención del suicidio como miembro de la Asociación Mexicana de Suicidología (AMS) y miembro de la Asociación Canadiense de Prevención del Suicidio (CASP). También es integrante de la Asociación Mexicana de Terapia Familiar (AMTF) y de la Asociación de Consejeros Clínicos de British Columbia (BCACC).

Actualmente es coordinadora de duelo en el Centro de Crisis de Columbia Británica y facilitadora de grupos de duelo por suicido.

Durante más de dos décadas ha ejercido la consulta privada y es autora del libro *Superando el duelo después de un suicidio. Las experiencias de los que se quedan*, publicada por esta casa editorial en 2022.

www.jessicawolfautor.com

jessicawolfautor

La edición de *Tu vida es importante para mí* se
cerró en noviembre de 2022 en la Ciudad de México.
En su composición se utilizaron tipos
Bembo Regular y Bembo Italic.

Made in the USA
Monee, IL
10 September 2026

62771012R00069